So lecker wie vom Bäcker!

Mit diesen Rezepten gelingt Ihnen das ganz einfach.

Ihre Gäste und auch Sie selbst werden begeistert sein. Freuen Sie sich schon heute auf die Komplimente, die Sie bekommen werden.

Diese Rezepte habe ich alle erprobt und auf die Verarbeitung mit dem Wundertopf TM 31 umgeschrieben. Mit ein bisschen Geschick können Sie diese Köstlichkeiten natürlich auch ohne den Wundertopf zubereiten.

Auf den nächsten Seiten finden Sie ein paar wichtige Tipps für Cremes mit Gelatine, Buttercreme etc., die Sie bitte durchlesen sollten.

Wie wäre es z.B. mit Frischkäseschnitten, einer fruchtigen Ananas-Kokostorte, oder bevorzugen Sie lieber einen cremigen Käsekuchen mit knusprigen Streuseln? Am besten Sie probieren gleich das erste Rezept aus.

Ich wünsche Ihnen viel Spaß beim „Durchstöbern" dieses Buches sowie beim Backen der Torten und Kuchen.

Viele liebe Grüße
Christine Haas

Ein herzliches Dankeschön...

Danke an meine Mama, die mir immer sehr unter die Arme greift und immer da ist, wenn ich sie brauche.

Danke an alle, die meine Torten probiert und ihre Urteile abgegeben haben; besonderen Dank auch wieder an meinen Tester Günter.

Danke an meine Freundin Michaela, die immer für mich da ist.

Danke an meine kleinen Backhelfer Sandra und Laura.

Danke an Angelika, Martina und Rosmarie, die dieses Buch Korrektur gelesen haben.

Impressum:

Autorin und
Herausgeberin: Christine Haas©
Thermomix-Beratung
Rosenweg 19 · 85134 Stammham
Tel. 08405 913996
e-mail: Haas-Ch@web.de

Haben Sie Fragen, dann dürfen Sie sich gerne an mich wenden. Ich freue mich auf Ihre Nachricht.

Druck: Beck KG – Druckerei und Verlag
94315 Straubing · Tel. 09421 84245

Anmerkungen:

Die Zutaten habe ich jeweils in „fetter" Schrift geschrieben, so müssen Sie das Rezept für den **Einkauf der Zutaten** nur schnell überfliegen. Bitte lesen Sie das **gesamte Rezept** durch, bevor Sie mit der Verarbeitung beginnen.

Abkürzungen:

↶	Linksstufe	geh.	gehäuft
EL	Esslöffel	B.	Becher
TL	Teelöffel	P.	Päckchen
Pr.	Prise	W.	Würfel

Die **Backformen** können Sie je nach Belieben **einfetten** und zusätzlich mit **Mehl bestäuben** bzw. **mit Semmelbröseln einstreuen.** Den **Backrahmen** benötigen Sie nicht unbedingt, jedoch sehen die Randstücke dadurch viel schöner aus.

Ich verwende immer **Margarine,** die Sie auch gegen die gleiche Menge an **Butter** austauschen können.

Das **Backpulver** ist in Teelöffeln angegeben. Ich nehme meist gehäufte Löffel und lieber etwas mehr als zu wenig.

Achten Sie bei der Zubereitung von **Tortenguss** darauf, dass die Masse kocht. Verwenden Sie z.B. Fruchtsaft aus dem Kühlschrank, evtl. etwas Zeit dazugeben.

Anmerkungen:

Die **Backzeit** ist jeweils nur ein Richtwert, da jeder Ofen anders bäckt. Ich backe alles mit **Ober- und Unterhitze, unterste Schiene** und heize meist ab Beginn der Zubereitung vor. Mein Ofen ist jedoch einer von der „schnellen Sorte".
Zur Sicherheit die **Stäbchenprobe** machen: Nach Ende der Backzeit, vor dem Herausnehmen des Kuchens, ein Schaschlikstäbchen in mind. zwei Stellen des Kuchens stecken; bleiben keine Teigspuren haften, ist er durchgebacken.

Zum **Eiweiß schlagen** muss der Mixtopf ganz trocken sein.

Gelatine: Scheuen Sie Torten mit Gelatine? Das muss nicht sein, denn die Zubereitung ist ganz einfach. Ich persönlich bevorzuge Pulvergelatine, die Sie aber auch durch Blattgelatine ersetzen können.

1 P. (= 3 TL) Pulvergelatine = 6 Blatt Gelatine

Tipp: Das Pulver rühre ich zum Quellen mit 2 EL Wasser weniger als angegeben an und gebe dafür zum Auflösen der Gelatine zusätzlich 2 EL heißes Wasser dazu. Somit löst sich die Gelatine schneller auf. Das Wasser darf nicht kochen!

Gibt man **Gelatine** in eine heiße Masse, muss sie vorher nicht im Wasserbad aufgelöst werden.

Anmerkungen:

Torten mit Gelatine lasse ich meistens **über Nacht durchkühlen**, dann sind sie ganz sicher fest genug zum Anschneiden.

Torten ohne Gelatine können Sie auch sofort **anschneiden**, jedoch schmecken sie viel besser, wenn sie gut **durchgezogen** sind.

Geronnene Buttercreme retten: Creme 3 - 5 Min. auf 50° / Stufe 1 erwärmen, bis sie gebunden ist, danach abkühlen lassen und weiterverarbeiten.

Sahne schlage ich immer mit dem Handmixer, deshalb habe ich keine Einstellung angegeben. Sie können sie natürlich auch nach Vorschrift im Wundertopf zubereiten. Meistens verwende ich selbst gemachten **Frischkäse**, der schmeckt viel besser.

Für alle, die **keinen Wundertopf** haben: Steht im Rezept nichts anderes dabei, immer gemahlene Nüsse, Mandeln und Schokolade bzw. geraspeltes Marzipan und zerdrückte Bananen verwenden. Mit dem Wundertopf hat man u. a. den Vorteil, dass man sie beim Teigrühren gleich zerkleinern kann. Wird **Zucker** gemahlen, einfach **Puderzucker** verwenden. **Flüssigkeiten** sind auch jeweils in **Gramm** angegeben, diese einfach nur in **ml** umwandeln. Bei der Angabe von **10 g** (z.B. Kakao, Rum) ca. **1 EL** verwenden.

Amaretto-Nussecken

Ein Klassiker raffiniert variiert!

Die Mandeln und Nüsse können Sie auch kleiner hacken. Ich mag es jedoch gerne etwas „bissig". Die restlichen Amarettinis friere ich ein, somit habe ich immer etwas auf Vorrat zu Hause.

Mürbteig:
250 g Mehl, 1 TL Backpulver, 1 Ei,
50 g Zucker, 1 P. Vanillezucker,
130 g Margarine in den Mix-
topf geben und verkneten. 40 Sek. / Stufe 5

Den Teig auf ein gefettetes Blech (ca. 30 x 40 cm) mit Backrahmen geben.

Belag:

150 g Aprikosenkonfitüre in den Mixtopf geben und erwärmen. 3 Min. / 60° / Stufe 2

Die Konfitüre gleichmäßig auf dem Teig verteilen.

220 g Mandeln, 100 g Haselnüsse, 75 g Amarettinis in den Mixtopf geben, hacken und umfüllen. ca. 15 Sek. / Stufe 5

100 g Haselnüsse in den Mixtopf geben, mahlen und zur gehackten Mischung geben. 8 Sek. / Stufe 10

250 g Margarine, 50 g Wasser, 120 g Zucker in den Mixtopf geben und erwärmen. 3 Min. / 90° / Stufe 2

30 g Amaretto, die Nussmischung dazugeben und unterrühren. 15 Sek. / Stufe 3

Die Masse auf der Konfitüre verteilen und backen.

Backzeit: 180°, ca. 35 Min.

20 Min. erkalten lassen und in Dreiecke schneiden. Die Ecken nach dem vollständigen Erkalten in **Schokoladenguss** tauchen.

Ananas-Kokostorte

Verwöhnen Sie Ihre Gäste mit dieser fruchtig, cremigen Torte!

Rührteig:

125 g Margarine, 125 g Zucker,
1 P. Vanillezucker, 3 Eier,
1 Pr. Salz in den Mixtopf
geben und cremig rühren. 50 Sek. / Stufe 5
200 g Mehl, 2 TL Backpulver,
30 g Milch, 50 g Kokosflocken
dazugeben und unterrühren. 20 Sek. / Stufe 5

Den Teig in eine gefettete Springform geben und backen.

Backzeit: 180°, ca. 25 - 30 Min.

Belag:

1 Dose (446 ml) Ananas in Stücken abtropfen lassen, Saft dabei auffangen. 12 Stück zum Verzieren beiseite legen.

1 B. **Sahne** schlagen.

250 g Mascarpone, 500 g Magerquark, 100 g Zucker, 1 P. Vanillezucker, 3 EL Ananassaft in den Mixtopf geben und cremig rühren. 20 Sek. / Stufe 5

Von der geschlagenen Sahne 100 g dazugeben und unterheben, Spatel zum Mitrühren verwenden. 15 Sek. / Stufe 4

Den erkalteten Boden mit einem Tortenring umschließen und mit **5 EL Rum** beträufeln. 1/3 der Masse darauf verstreichen. Ananas darauf verteilen und mit der restlichen Creme bedecken. Tortenring entfernen, die Masse glatt streichen und mit der restlichen Sahne und den Ananasstücken verzieren.

Über Nacht kalt stellen.

Apfelkuchen mit Rahmguss

Saftiger Kuchen mit sonnengereiften Äpfeln...

...mmh, wie der duftet!

Bei diesem Rezept muss der Mixtopf dazwischen wieder nicht gespült werden, was ich immer besonders toll finde, da das Abspülen eine meiner „Lieblingstätigkeiten" ist.

Rührteig:
100 g Margarine, 100 g Zucker,
2 Eier in den Mixtopf geben
und cremig rühren. 40 Sek. / Stufe 4
170 g Mehl, 1 TL Backpulver,
3 Tropfen Buttervanille-Aroma
dazugeben und unterrühren. 15 Sek. / Stufe 4

Den Teig in eine gefettete Springform geben.

Belag:
350 g (vorbereitet gewogen)
geschälte und in Viertel
geschnittene **Äpfel** in den Mix-
topf geben und zerkleinern. ca. 6 Sek. / Stufe 3 - 4

Die zerkleinerten Äpfel auf den Teig geben.

Guss:
1 B. flüssige Sahne, 1 B. Schmand,
30 g Zucker, 20 g Vanillepudding-
pulver in den Mixtopf geben und
verrühren. 30 Sek. / Stufe 3

Den Guss über die Äpfel gießen, mit **50 g Mandel-blättchen** bestreuen und backen.

Backzeit: 180°, ca. 40 Min.

Apfel-Streuselkuchen mit Crème fraîche

Süße Apfelkuchen schmecken immer!

Schmeckt auch mit Pflaumen oder Aprikosen. Für einen Blechkuchen einfach die Menge verdoppeln.

Der Mixtopf muss dazwischen nicht gespült werden.

320 g (vorbereitet gewogen) geschälte und in Viertel geschnittene **Äpfel** in den Mixtopf geben, zerkleinern und umfüllen. ca. 5 Sek. / Stufe 3 - 4

Quark-Ölteig:
150 g Mehl, 2 TL Backpulver, 50 g Milch, 75 g Magerquark, 30 g Zucker, 1 Pr. Salz, 50 g Öl in den Mixtopf geben und verkneten. 20 Sek. / Stufe 6

Den weichen Teig in eine gefettete Springform geben.

Belag:
150 g Crème fraîche, 1 Ei, 1 P. Vanillezucker in den Mixtopf geben und verrühren. 10 Sek. / Stufe 3

Die Masse auf den Boden gießen, Äpfel darauf verteilen und etwas andrücken.

Streusel:
125 g Mehl, 75 g Margarine, 50 g Zucker, ¼ TL Zimt in den Mixtopf geben und verarbeiten. 10 Sek. / Stufe 6

Die Streusel auf den Äpfeln verteilen, leicht andrücken und backen.

Backzeit: 180°, ca. 35 - 40 Min.

Aprikosen-Mandelkuchen

Mit gelben Pflaumen aus dem Garten schmeckt der Kuchen auch sehr aromatisch, aber leider gibt es sie ja nur für kurze Zeit.

Es sieht sehr schön aus, wenn man vor dem Backen in jede Aprikose eine Mandel ohne Haut steckt (Mandeln kurz in kochend heißes Wasser geben, dann lässt sich die Haut leicht abziehen).

Der Mixtopf muss dazwischen nicht gespült werden.

Mürbteig:
250 g Mehl, 2 TL Backpulver,
1 Pr. Salz, 1 P. Vanillezucker,
100 g Margarine, 80 g Zucker,
1 Ei in den Mixtopf geben und
verkneten. 40 Sek. / Stufe 5

Den Teig in eine gefettete Springform geben und einen kleinen Rand hochziehen.

Belag:
100 g Mandeln in den Mix-
topf geben und mahlen. 10 Sek. / Stufe 10
100 g Zucker, 100 g flüssige
Sahne, 1 Ei dazugeben und
verrühren. 15 Sek. / Stufe 4

Die Masse auf den Mürbteig gießen.

1 Dose (820 ml) Aprikosen gut abtropfen lassen, mit der Innenseite nach oben auf der Mandelmasse verteilen und backen.

Backzeit: 180°, ca. 45 Min.

Aprikosen-Quarktaler

So lecker wie vom Bäcker!

Die Aprikosen können Sie auch in Spalten schneiden und auf der Quarkmasse verteilen.

Die Taler schmecken auch ohne Streusel gut.

Hefeteig:
125 g Milch, 50 g Zucker,
½ W. Hefe, 75 g Margarine
in den Mixtopf geben und
erwärmen. 2 Min. / 37° / Stufe 2
300 g Mehl, 1 Ei, 1 Pr. Salz
dazugeben und verkneten. 2 Min. / Knetstufe

Den Teig gehen lassen. Anschließend 12 Taler auf bemehlter Arbeitsfläche ausrollen und auf mit Backpapier belegte Bleche geben.

Quarkmasse:
250 g Quark (20 %),
30 g Zucker, ½ TL Vanillezucker, 2 Eier in den Mixtopf
geben und cremig rühren. 15 Sek. / Stufe 4

1 EL Quarkmasse auf jeden Taler geben und glatt streichen. **1 Dose (820 ml) Aprikosen** gut abtropfen lassen und auf dem Quark verteilen.

Streusel:
40 g Margarine, 70 g Mehl,
20 g Zucker, ½ TL Vanillezucker in den Mixtopf geben
und verarbeiten. ca. 8 Sek. / Stufe 5

Die Taler damit bestreuen und backen.

Backzeit: 180°, ca. 20 Min.

Evtl. mit **Puderzuckerglasur** bestreichen.

Bananen-Kokosschnitten

Süße Stücke für Ihre Kaffeetafel!

Bananen sind nicht nur süß, sondern auch sehr aromatisch; verfeinert mit Eierlikör und Sahne ein Gedicht.

Biskuitteig:
Rührauf satz einsetzen,
6 Eier, 150 g Zucker in den Mixtopf geben und cremig rühren. 4 Min. / Stufe 3
150 g Mehl, 2 TL Backpulver dazugeben und unterheben. 10 Sek. / Stufe 3

Den Teig auf ein gefettetes Blech (ca. 30 x 40 cm) mit Backrahmen geben und backen.

Backzeit: 180°, ca. 20 Min.

Belag:
3 B. Sahne mit **1 P. Sahnesteif** und **1 P. Vanillezucker** schlagen und **60 g Kokosflocken** unterrühren.

Den erkalteten Boden mit ca. **5 EL Eierlikör** tränken.

6 - 8 Bananen halbieren, mit dem **Saft einer ½ Zitrone** beträufeln und auf den Boden legen.

Die Sahne darüber verteilen. Mit **ca. 5 EL Eierlikör** beträufeln und mit **Schokostreuseln** verzieren.

Bananen-Rumbombe

Eine leckere Idee für Gäste! Am besten 2 Tage vor dem Verzehr zubereiten.

Biskuitteig: Rühraufsatz einsetzen,
6 Eier, 40 g heißes Wasser,
250 g Zucker in den Mixtopf
geben und cremig rühren. 4 Min. / Stufe 3
170 g Mehl, 80 g Speise-stärke, 1 P. Backpulver
dazugeben und unterheben. 10 Sek. / Stufe 3

Den Teig in eine gefettete Springform geben und backen. / Backzeit: 180°, ca. 30 - 35 Min.

Creme:
Rührauf satz einsetzen,
100 g Milch, 150 g Zucker,
1 P. Vanillezucker in den
Mixtopf geben und erhitzen. 8 Min. / 100° / Stufe 3
2 Min. vor Ablauf **2 verquirlte Eier**
durch die Deckelöffnung dazugeben.
Rühraufsatz entfernen,
150 g kalte Milch, 40 g Rum,
280 g Margarine in Stücken
dazugeben und unterrühren. ca. 10 Sek. / Stufe 3
Danach kurz auf Stufe 4 hoch schalten.

Die Creme umfüllen und ca. 1 ½ Std. in den Kühlschrank stellen.

Erkalteten Boden waagrecht halbieren (1/3 und 2/3). Den unteren Boden (1/3) mit **2 B.** geschlagener **Sahne** bestreichen. Mit **3** in Scheiben geschnittenen **Bananen** belegen und mit **5 EL Eierlikör** bestreichen.

Den restlichen Boden (2/3) in Würfel schneiden, in eine große Schüssel füllen und mit der kalt gestellten Creme vermischen. Masse auf die Torte geben und kuppelförmig verstreichen.

Torte ca. 1 Stunde kalt stellen, mit einem **Schokoladenguss** überziehen und mit einem **Haselnussguss** verzieren. Als zusätzliche Deko sehen **weiße Schokoherzen** sehr schön aus.

Beeren-Rotweintorte

Biskuitteig: Rühraufsatz einsetzen,
5 Eier, 250 g Zucker in den Mixtopf geben und cremig rühren. 4 Min. / Stufe 3
250 g Mehl, 1 P. Backpulver, 15 g Kakao dazugeben und unterheben. 10 Sek. / Stufe 3

Den Teig in eine gefettete Springform geben und backen.

Backzeit: 180°, ca. 25 - 30 Min.

Den erkalteten Boden 2x waagrecht durchschneiden. Den unteren Boden mit einem Tortenring umschließen.

Obstfüllung:
250 g Beerensaft bzw.
Wasser, ca. 100 g Zucker,
1 P. roten Tortenguss in den
Mixtopf geben und kochen. ca. 6 Min. / 100° / Stufe 3

750 g Beerenmischung (bis auf ein paar zum Verzieren) etwas zerkleinern, dazugeben und nur mit dem Spatel unterheben. Füllung auf den Boden geben, ca. 10 Min. abkühlen lassen, mit dem zweiten Boden bedecken und erkalten lassen.

Rotweincreme:
1 P. Pulvergelatine mit **6 EL kaltem Wasser** verrühren und 10 Min. quellen lassen.

100 g Rotwein,
100 g Zucker in den Mix-
topf geben und erhitzen. 4 Min. / 90° / Stufe 1
Gelatine dazugeben und auflösen. 20 Sek. / 90° / Stufe 1
150 g kalten Rotwein dazugeben und 1½ - 2 Std. in den Kühlschrank stellen, bis die Masse zu gelieren beginnt.

1½ B. Sahne schlagen, zur Rotwein-
creme geben und unterheben. 20 Sek. / Stufe 3
Creme mit dem Spatel nach
unten schieben und verrühren. 10 Sek. / Stufe 4

Die Creme auf den Boden gießen, mit dem dritten Boden bedecken und über Nacht kalt stellen.

2½ B. Sahne schlagen und die Torte damit verzieren. Mit **Schokostreuseln** und **Beeren** garnieren.

Bienenstich

Verwöhnen Sie sich und Ihre Familie! Mit einem leckeren Bienenstich ist das eine Leichtigkeit.

Das ist die schnelle und trotzdem leckere Variante vom „richtigen" Bienenstich.

Rührteig:
4 Eier, 150 g Zucker,
90 g Öl, 1 P. Vanille-
zucker in den Mixtopf
geben und cremig rühren. 1 Min. / Stufe 5
125 g Mehl, 1 P. Backpulver
dazugeben und unterrühren. 10 Sek. / Stufe 5

Den Teig in eine gefettete Springform geben, mit **ca. 40 g Mandelblättchen** bestreuen und backen.

Backzeit: 180°, ca. 20 - 25 Min.

Füllung:
Rühraufsatz einsetzen,
3 B. Sahne, 3 P. Sahnesteif,
2 P. Dr. Oetker® Paradies Creme
Vanille Geschmack in den Mix-
topf geben und cremig rühren. 4 Min. / Stufe 3

Erkalteten Boden waagrecht halbieren, mit einem Tortenring umschließen und mit der Creme füllen. Den zweiten Boden darauf legen und über Nacht kalt stellen.

Birnen-Sektkuchen

Backen mit saftigen Birnen!

Wenn Sie frische Birnen verwenden, müssen diese vorher gekocht werden.

Den Kuchen über Nacht in der Form auskühlen lassen.

Mürbteig:
250 g Mehl, 125 g Zucker,
125 g Margarine, 1 Ei,
1½ TL Backpulver in den
Mixtopf geben und verkneten. 40 Sek. / Stufe 5

Den Teig in eine gefettete Springform geben und einen Rand hochziehen.

1 großes Glas Birnen (ca. 300 g Birnen) gut abtropfen lassen, Saft dabei auffangen. Die Birnen achteln und auf den Teig geben.

1. Belag: Rühraufsatz einsetzen,
250 g Sekt, 250 g Birnensaft,
1 P. Vanillepuddingpulver
in den Mixtopf geben
und einen Pudding kochen. 7 Min. / 90° / Stufe 3

Den Pudding über die Birnen gießen und vorbacken.

Backzeit: 180°, ca. 30 Min.

2. Belag: Rühraufsatz einsetzen,
3 Eiweiß in den Mixtopf
geben und schlagen. 2 Min. / Stufe 4
100 g Zucker, 3 Eigelb,
1 B. Schmand dazugeben
und unterheben. 20 Sek. / Stufe 3

Die Masse auf den vorgebackenen Kuchen geben und bei gleicher Temperatur ca. 20 Min. weiterbacken.

Butterkeks-Schnitten

Biskuitteig:
Rühraufsatz einsetzen,
5 Eier, 150 g Zucker, 1 P. Vanille-zucker, 30 g Wasser in den Mix-topf geben und cremig rühren. 3 Min. / Stufe 3
150 g Mehl, 2 TL Backpulver dazugeben und unterheben. 10 Sek. / Stufe 3

Den Teig auf ein gefettetes Blech (ca. 30 x 40 cm) mit Backrahmen geben und backen.

Backzeit: 180°, ca. 20 Min.

Den erkalteten Boden mit **3 EL Aprikosenmarmelade** bestreichen.

Belag:

100 g Zucker in den Mixtopf geben und mahlen.	8 Sek. / Stufe 10
200 g Walnüsse, 100 g Haselnüsse, 200 g Butterkekse dazugeben und mahlen.	10 Sek. / Stufe 10
250 g Margarine, 40 g Rum dazugeben und unterrühren, Spatel dabei verwenden.	30 Sek. / Stufe 6

Die Masse auf den Kuchen streichen.

Glasur:

100 g Zucker, 100 g Blockschokolade in den Mixtopf geben und mahlen.	ca. 10 Sek. / Stufe 10
50 g Wasser, 60 g Margarine dazugeben und schmelzen.	$3\frac{1}{2}$ Min. / 60° / Stufe 2

Den Guss auf den Kuchen gießen und verteilen (der Guss verläuft am besten, wenn man das Blech etwas hin und her schwenkt).

Sobald die Glasur fest ist, mit etwas **Haselnussguss** oder **weißer Schokolade** beliebig verzieren.

Die Schnitten schmecken nach 2 Tagen erst richtig gut.

Cappuccino-Käsekuchen

Ein Klassiker neu in Szene gesetzt!

Mein absoluter Favorit unter den Käsekuchen und auch der Lieblingskuchen vom Jürgen.

Mürbteig:
125 g Margarine, 70 g Zucker,
1 EL lösliches Cappuccino-Pulver,
1 Ei, 250 g Mehl, 1 TL Back-
pulver in den Mixtopf geben
und verarbeiten. 40 Sek. / Stufe 5

Den Teig in eine gefettete Springform geben und einen Rand hochziehen.

Füllung:
4 Eier, 500 g Magerquark,
500 g Mascarpone,
40 g Milch, 120 g Zucker,
50 g Grieß in den Mixtopf
geben und cremig rühren. 40 Sek. / Stufe 6
75 g Schokotröpfchen dazugeben und nur mit dem Spatel unterheben.

Die Masse auf den Boden streichen und vorbacken.

Backzeit: 180°, ca. 40 Min.

Belag:
<u>Rühraufsatz einsetzen</u>,
2 Eiweiß in den Mixtopf
geben und schlagen. 2 Min. / Stufe 4
2 TL lösliches Cappuccino-Pulver, 80 g Zucker dazugeben und unterrühren. 3 Sek. / Stufe 3

Die Eischnee-Masse auf den vorgebackenen Kuchen geben (ca. 1 cm Rand frei lassen) und bei gleicher Temperatur ca. 15 Min. weiterbacken.

Über Nacht kalt stellen.

Vor dem Verzehr mit **Kakao** bestäuben.

Erdbeerbombe

Beerig gut - die kann man nirgendwo kaufen!

Rührteig:
125 g Margarine, 6 Eier,
200 g Zucker in den Mixtopf
geben und cremig rühren. 2 Min. / Stufe 5
200 g Mehl, 2 TL Backpulver
dazugeben und unterrühren. 10 Sek. / Stufe 4

Den Teig in eine gefettete Springform geben und backen.

Backzeit: 180°, ca. 25 Min.

Buttercreme:
500 g Milch, 1 P. Vanillepudding-pulver, 60 g Zucker in den Mix-topf geben und kochen. 9 Min. / 90° / Stufe 3

Pudding umfüllen, mit Frischhaltefolie bedecken, damit er keine Haut bekommt und auskühlen lassen.

300 g zimmerwarme Butter oder Margarine in den Mixtopf geben.
Gerät einstellen auf 1 Min. / Stufe 3
Den zimmerwarmen Pudding löffelweise durch die Deckel-öffnung geben.
Danach evtl. kurz auf Stufe 4 - 5 hoch schalten.

Erkalteten Boden 2x waagrecht durchschneiden. Den unteren Boden auf eine Tortenplatte legen. Restliche Böden in Würfel schneiden, in eine große Schüssel geben und mit ca. **6 EL Rum** tränken. Mit **500 g** in kleine Stücke geschnittenen **Erdbeeren** mischen. Buttercreme unter-ziehen, Masse kuppelförmig auf den Boden geben und mit einem Messer glatt streichen. Etwa 3 Std. kalt stellen.

Schokoladenguss:
150 g Vollmilchkuvertüre in Stücken in den Mixtopf geben und hacken. 10 Sek. / Stufe 6
40 g flüssige Sahne dazu-geben und erhitzen. 3 Min. / 60° / Stufe 2

Die Kuppel damit überziehen und über Nacht durch-ziehen lassen.

Erdbeer-Kuppeltorte

Marmelade nicht zu dick auftragen, ansonsten „matscht" die Torte durch.

Biskuitteig:
Rühraufsatz einsetzen,
5 Eier, 150 g Zucker in den Mix-
topf geben und cremig rühren. 4 Min. / Stufe 3
170 g Mehl, 2 TL Backpulver
dazugeben und unterheben. 10 Sek. / Stufe 3

Den Teig auf ein gefettetes bzw. mit Backpapier belegtes Blech (ca. 35 x 40 cm) geben und backen.

Backzeit: 180°, ca. 15 Min.

Den Biskuitboden auf ein feuchtes Tuch stürzen und 30 Min. abkühlen lassen.

280 g Erdbeermarmelade in den
Mixtopf geben und erwärmen. 3 Min. / 50° / Stufe 1

Biskuitboden längs halbieren, mit der Marmelade bestreichen und beide aufrollen. 15 Min. abkühlen lassen, in 1 cm dicke Scheiben schneiden und eine Glasschale (Ø 24 cm, ca. 1½ l Inhalt) damit auslegen.

Füllung:
1½ P. Pulvergelatine mit **6 EL kaltem Wasser** verrühren und 10 Min. quellen lassen. **1 B. Sahne** schlagen und **400 g Erdbeeren** in kleine Stücke schneiden.

500 g Magerquark,
500 g Mascarpone, Saft
von 1 Zitrone in den Mixtopf
geben und cremig rühren, Spatel
zum Mitrühren verwenden. 30 Sek. / Stufe 8
Gelatine im Wasserbad auflösen.
Gerät einstellen auf 20 Sek. / Stufe 9
Gelatine durch die Deckelöffnung langsam zugeben.
Die geschlagene Sahne dazugeben und unterheben. 8 Sek. / Stufe 5
Die Erdbeeren nur mit dem Spatel unterheben.

Die Masse in die Form geben und mit den restlichen Biskuitscheiben belegen. Torte über Nacht kalt stellen. Kuppel vorsichtig aus der Form stürzen.

Erdbeer-Mascarpone-Torte

Endlich haben die köstlichen Früchte Saison!

Die Erdbeeren sehen sehr dekorativ aus, wenn Sie die Hälfte davon in Schokoladenguss tauchen.

Biskuitteig:
Rühraufsatz einsetzen,
3 Eier, 150 g Zucker in den Mixtopf geben und cremig rühren. 3 Min. / Stufe 3
150 g Mehl, 2 TL Backpulver dazugeben und unterheben. 10 Sek. / Stufe 3

Den Teig in eine gefettete Springform geben und backen.

Backzeit: 180°, ca. 15 - 20 Min.

Füllung:
500 g Mascarpone, 250 g Magerquark, 100 g Zucker, 1 P. Vanillezucker, 50 g Orangensaft in den Mixtopf geben und cremig rühren. 30 Sek. / Stufe 5

500 g Erdbeeren, davon ca. 400 g in kleine Stücke schneiden und mit dem Spatel vorsichtig unterheben, restliche Erdbeeren zum Verzieren beiseite legen.

Erkalteten Boden waagrecht halbieren, beide Böden mit je **3 EL Amaretto** beträufeln. Den unteren Boden mit einem Tortenring umschließen. Die Hälfte der Creme einfüllen. Zweiten Boden darauf geben und die restliche Creme darauf glatt streichen.

Ring entfernen und nach Belieben z.B. mit **½ B.** geschlagener **Sahne**, restlichen Erdbeeren und **Dekorblättern** verzieren.

Erdbeerschnitten

Erdbeerträume – so lecker schmeckt der Sommer!

Biskuitteig: Rühraufsatz einsetzen,
8 Eier, 200 g Zucker,
2 P. Vanillezucker in den Mixtopf geben und cremig rühren. 6 Min. / Stufe 3
200 g Mehl, 100 g Speisestärke, 1 P. Backpulver
dazugeben und unterheben. 10 Sek. / Stufe 3

Teig auf ein gefettetes Blech (ca. 30 x 40 cm) mit Backrahmen streichen. / Backzeit: 180°, ca. 20 Min.

Oder: Teig auf 2 Bleche verteilen und backen.

Belag:
1 P. Pulvergelatine mit **4 EL kaltem Wasser** verrühren und 10 Min. quellen lassen.

1½ B. Sahne schlagen. **500 g frische Erdbeeren,** davon 400 g in kleine Stücke schneiden, restliche Erdbeeren zum Verzieren beiseite legen.

3 B. Schmand, Saft einer ½ Zitrone, 75 g Zucker, 1 P. Vanillezucker in den Mixtopf geben und verrühren.	30 Sek. / Stufe 3
Gelatine im Wasserbad auflösen.	
Gerät einstellen auf	20 Sek. / Stufe 3 - 4
Gelatine durch die Deckelöffnung langsam zugeben.	
Die geschlagene Sahne dazugeben und unterheben, Spatel dabei verwenden.	20 Sek. / Stufe 4

Klein geschnittene Erdbeeren nur mit dem Spatel vorsichtig unterheben.

Erkaltete Biskuitplatte waagrecht halbieren, auf ein Blech geben und mit einem Backrahmen umschließen. Die Erdbeercreme darauf verstreichen und mit der zweiten Platte bedecken. Über Nacht kalt stellen.

Mit Puderzucker bestäuben und mit einem **½ B.** geschlagener **Sahne**, Erdbeeren und **Raspelschokolade** verzieren.

Feuerwehrkuchen

Schmeckt auch gut durchgekühlt mit einem großen Klecks Sahne sehr lecker!

Sollte der Kirschsaft für den Pudding nicht reichen, einfach mit Wasser auffüllen und je nach Geschmack evtl. nachzuckern.

Der Mixtopf muss dazwischen nicht gespült werden.

Belag:
2 Gläser (à 720 ml) Sauerkirschen abtropfen lassen, Saft dabei auffangen.

Pudding:
2 P. Vanillepuddingpulver,
500 g Flüssigkeit (aufgefangener Saft + Wasser) in den Mixtopf geben und kochen. 7 Min. / 90° / Stufe 3

Pudding umfüllen, ca. ½ Std. abkühlen lassen. Danach mit **4 cl Kirschwasser** und den Kirschen vermengen.

Mürbteig:
125 g Margarine, 65 g Zucker,
250 g Mehl, ½ TL Backpulver,
1 Pr. Salz, 1 Ei in den Mixtopf geben und verkneten. 40 Sek. / Stufe 5

Den Teig in eine gefettete Springform geben und einen Rand hochziehen. Die Pudding-Kirschmasse einfüllen.

Streusel:
75 g Mandeln in den Mixtopf geben, mahlen und umfüllen. 10 Sek. / Stufe 10

70 g Margarine in den Mixtopf geben und zerlaufen lassen. 1 Min. / 50° / Stufe 2
75 g Zucker, 85 g Mehl, gemahlene Mandeln, **¼ TL Zimt** dazugeben und verarbeiten. 20 Sek. / Stufe 4 - 5

Die Streusel auf dem Pudding verteilen und backen.

Backzeit: 180°, ca. 45 Min.

Frischkäseschnitten

Rührteig:

100 g Margarine in Stücken in den Mixtopf geben und schmelzen. 3 Min. / 60° / Stufe 1

5 Eier, 200 g Zucker dazugeben und cremig rühren. 1 Min. / Stufe 5

230 g Mehl, 2 TL Backpulver dazugeben und unterheben. 10 Sek. / Stufe 3

Den Teig auf ein gefettetes Blech (ca. 30 x 40 cm) mit Backrahmen geben und backen.

Backzeit: 180°, ca. 10 – 15 Min.

Belag:
2 P. Pulvergelatine mit **8 EL kaltem Wasser** verrühren und 10 Min. quellen lassen.

4 B. Sahne schlagen.

400 g Doppelrahm-Frischkäse,
175 g Zucker, 2 P. Vanillezucker,
Saft von 1 großen Zitrone in den
Mixtopf geben und cremig rühren. 30 Sek. / Stufe 3
Gelatine im Wasserbad auflösen.
Gerät einstellen auf 20 Sek. / Stufe 3
Gelatine durch die Deckelöffnung langsam zugeben.

Die geschlagene Sahne dazugeben und nur mit dem Spatel unterheben. Die Masse auf den erkalteten Boden streichen.

2 Dosen (à 820 ml) Pfirsiche gut abtropfen lassen und in dünne Scheiben schneiden. Den Kuchen damit belegen.

Der Pfirsichsaft kann für den Guss verwendet werden, dann jedoch den Zucker weglassen.

Guss:
1 P. klaren Tortenguss,
250 g Wasser, 20 g Zucker
in den Mixtopf geben
und kochen. ca. 6 Min. / 100° / Stufe 3

Auf dem Obst verteilen und mit **Raspelschokolade** bestreuen. Über Nacht kalt stellen.

Fruchtsterne

Obstbelag:
Pfirsiche, Ananas, Mandarinen oder Fruchtcocktail aus der Dose, frische Himbeeren, Erdbeeren, Kirschen, Aprikosen, Johannisbeeren, Kiwis, kernlose Weintrauben; je bunter desto schöner.

Für den Tortenguss verwende ich gerne den Fruchtsaft, dann jedoch den Zucker reduzieren bzw. weglassen.

Der Mixtopf muss dazwischen nicht gespült werden.

Mürbteig:
**300 g Mehl, 2 TL Back-
pulver, 150 g Zucker, 1 Ei,
200 g Margarine** in den Mix-
topf geben und verrühren. 40 Sek. / Stufe 5

Den sehr weichen Teig auf ein gefettetes Blech (ca. 30 x 40 cm) mit Backrahmen streichen.

Frischkäsebelag:
**350 g Margarine, 4 Eier,
200 g Zucker, 1 P. Vanille-
puddingpulver, 400 g Doppel-
rahm-Frischkäse, 500 g Mager-
quark** in den Mixtopf geben und
verrühren. ca. 30 Sek. / Stufe 6

Die Masse auf den Teig streichen und backen.

Backzeit: 180°, ca. 45 Min.

Die erkalteten Schnitten mit ca. **1,2 kg klein geschnittenem Obst** belegen.

Guss:
**2 P. klaren Tortenguss,
40 g Zucker, 500 g Wasser**
in den Mixtopf geben
und kochen. ca. 8 Min. / 100° / Stufe 3

Den Guss gleichmäßig auf dem Obst verteilen.

Hawaiitorte

Biskuitteig: Rühraufsatz einsetzen,
3 Eier, 100 g Zucker in den
Mixtopf geben und cremig rühren. 3 Min. / Stufe 3
100 g Mehl, 1 TL Backpulver
dazugeben und unterheben. 10 Sek. / Stufe 3

Den Teig in eine gefettete Springform geben und backen. / Backzeit: 180°, ca. 15 - 20 Min.

Belag:
5 Scheiben Ananas halbiert, **3 Kiwis** in dünne Scheiben geschnitten, **ca. 15 Kirschen**

1 P. Pulvergelatine mit **4 EL kaltem Wasser** verrühren und 10 Min. quellen lassen. Den erkalteten Boden mit einem Tortenring umschließen. Ananashälften an den Rand legen und jeweils eine Kirsche in die Mitte geben.

2 B. Sahne schlagen.

500 g Magerquark,	
100 g Zucker in den Mixtopf	
geben und cremig rühren.	30 Sek. / Stufe 3
Gelatine im Wasserbad auflösen.	
Gerät einstellen auf	25 Sek. / Stufe 4
Gelatine durch die Deckelöffnung langsam zugeben.	
Die geschlagene Sahne dazugeben und unterheben, Spatel dabei verwenden.	10 - 15 Sek. / Stufe 4

Die Masse auf den Boden geben, mit den Kiwis belegen und mit Kirschen garnieren.

Guss:
½ P. (= 2 TL) klaren Tortenguss,
10 g Zucker, 125 g Wasser in
den Mixtopf geben und kochen. ca. 4 Min. / 100° / Stufe 3

Den Guss auf der Torte verteilen und über Nacht kalt stellen.

Heidelbeerschnitten

Die Schnitten backe ich auch gerne in der Springform. Dafür einfach alle Zutaten halbieren. Jedoch nehme ich 2 B. Sahne für den Belag und verziere den Kuchen zusätzlich noch mit Sahnetuffs.

Für den Belag: Am besten den Gareinsatz in den Mixtopf geben und die Heidelbeeren darin abtropfen lassen.

Rührteig:

250 g Zucker in den Mixtopf geben und mahlen.	10 Sek. / Stufe 10
5 Eier, 2 P. Vanillezucker, 250 g Öl dazugeben und cremig rühren.	1 Min. / Stufe 5
250 g Eierlikör, 125 g Mehl, 125 g Speisestärke, 1 P. Backpulver dazugeben und unterrühren.	20 Sek. / Stufe 5

Den Teig auf ein gefettetes Blech (ca. 30 x 40 cm) mit Backrahmen gießen und backen.

Backzeit: 180°, ca. 20 Min.

Belag:
2 Gläser (à 370 ml) Heidelbeeren gut abtropfen lassen und den Saft dabei auffangen.

Heidelbeersaft, **2 P. Vanillepuddingpulver** in den Mixtopf geben und einen Pudding kochen.	6 Min. / 90° / Stufe 3

Heidelbeeren dazugeben, nur mit dem Spatel vorsichtig unterrühren und auf den erkalteten Boden streichen.

3 B. Sahne mit **2 P. Sahnesteif** schlagen und auf die erkalteten Heidelbeeren streichen.

Mit **Eierlikör** beträufeln, mit **Schokostreuseln** und **Kokosflocken** bestreuen.

Himbeer-Frischkäse-Torte

Schicht für Schicht ein Gedicht!

Biskuitteig:
Rühraufsatz einsetzen,
3 Eier, 100 g Zucker in den Mix-
topf geben und cremig rühren. 3 Min. / Stufe 3
100 g Mehl, 1 TL Backpulver
dazugeben und unterheben. 10 Sek. / Stufe 3

Den Teig in eine gefettete Springform geben und backen.

Backzeit: 180°, ca. 15 - 20 Min.

Frischkäse-Belag:
3 B. Sahne mit **3 P. Sahnesteif** schlagen.

120 g Zucker in den Mixtopf geben und mahlen. 10 Sek. / Stufe 10
200 g Doppelrahm-Frischkäse dazugeben und cremig rühren. 30 Sek. / Stufe 3
Die geschlagene Sahne dazugeben und unterrühren, Spatel dabei verwenden. ca. 30 Sek. / Stufe 5

Den erkalteten Boden mit einem Tortenring umschließen und die Frischkäsemasse einfüllen.

Himbeer-Belag:
2 P. roten Tortenguss,
40 g Zucker, 500 g Wasser
in den Mixtopf geben und kochen. ca. 8 Min. / 100° / Stufe 3

500 g Himbeeren (frische oder aus dem Glas) dazugeben und nur mit dem Spatel unterheben.

Himbeermasse vorsichtig auf die Creme geben und über Nacht kalt stellen.

Himbeer-Torte

Mit viel Liebe gebacken! Raffiniert abgerundet mit Eierlikör!

Biskuitteig: Rühraufsatz einsetzen,
3 Eier, 100 g Zucker in den Mixtopf geben und cremig rühren. 3 Min. / Stufe 3
100 g Mehl, 1 TL Backpulver dazugeben und unterheben. 10 Sek. / Stufe 3

Den Teig in eine gefettete Springform geben und backen.

Backzeit: 180°, ca. 15 - 20 Min.

Belag:
1½ P. Pulvergelatine mit **6 EL kaltem Wasser** verrühren und 10 Min. quellen lassen.

2 B. Sahne schlagen.

Rühraufsatz einsetzen,
2 Eiweiß in den Mixtopf
geben, schlagen und
zur Sahne geben. 2 Min. / Stufe 4

250 g Magerquark, 100 g Zucker,
130 g Eierlikör in den Mix-
topf geben und verrühren. 20 Sek. / Stufe 3
Gelatine im Wasserbad auflösen.
Gerät einstellen auf 20 Sek. / Stufe 3
Gelatine durch die Deckel-
öffnung langsam zugeben.
Die geschlagene Sahne und
den Eischnee dazugeben
und unterheben, Spatel
zum Mitrühren verwenden. 20 Sek. / Stufe 3

250 g frische Himbeeren (bis auf ein paar zum Verzieren) dazugeben und vorsichtig mit dem Spatel unterheben.

Den erkalteten Boden mit einem Tortenring umschließen und die Masse einfüllen. Über Nacht kalt stellen.

Mit einem ½ B. geschlagener **Sahne** und den restlichen Himbeeren beliebig verzieren.

Holländischer Mandelkuchen

Gelingt einfach!

Die Mandeln können Sie auch gut durch Haselnüsse ersetzen.

Noch aromatischer schmecken Mandeln und Nüsse, wenn Sie diese vor dem Backen rösten und etwas abkühlen lassen.

20 g Schokolade in den Mixtopf geben, hacken und umfüllen.	ca. 6 Sek. / Stufe 6
150 g Mandeln in den Mixtopf geben, mahlen und umfüllen.	10 Sek. / Stufe 10

Rührteig:

125 g Margarine, 125 g Zucker, 1 Ei, 3 Eigelb, 1 P. Vanillezucker in den Mixtopf geben und cremig rühren.	1 Min. / Stufe 4
Abgeriebene Schale einer ½ unbehandelten Zitrone, 160 g Mehl, 2 TL Backpulver, 20 g Rum dazugeben und unterrühren.	20 Sek. / Stufe 4

Den Teig in eine gefettete Springform geben.

Belag:

Rühraufsatz einsetzen, **3 Eiweiß** in den Mixtopf geben und schlagen.	2 Min. / Stufe 4
100 g Zucker dazugeben und unterrühren.	20 Sek. / Stufe 4
Rühraufsatz entfernen, gemahlene Mandeln dazugeben und unterheben.	20 Sek. / Stufe 2 - 3

Die Masse auf den Teig streichen, die gehackte Schokolade und **1 EL gehackte Mandeln** darüber streuen und backen.

Backzeit: 180°, ca. 35 - 40 Min.

Johannisbeer-Baiserkuchen

So leicht - so lecker!

Nutzen Sie die Saisonfrüchte aus dem Garten.

Rührteig:
100 g Margarine, 125 g Zucker, 2 Eier, 2 Eigelb, 150 g Haselnüsse in den Mixtopf geben und cremig rühren. 50 Sek. / Stufe 6
175 g Mehl, 2 TL Backpulver, 75 g Milch dazugeben und unterheben. 15 Sek. / Stufe 5

Den Teig in eine gefettete Springform geben, darauf **450 g Johannisbeeren** verteilen und vorbacken.

Backzeit: 180°, ca. 30 Min.

Baiser:
Rühraufsatz einsetzen,
2 Eiweiß in den Mixtopf geben und schlagen. 2 Min. / Stufe 4
1 TL Zitronensaft, 125 g Zucker dazugeben und unterrühren. 10 Sek. / Stufe 4

Die Masse auf den vorgebackenen Kuchen streichen, mit ca. **20 g Mandel- oder Haselnussblättchen** bestreuen und bei gleicher Temperatur ca. 15 - 20 Min. weiterbacken.

Johannisbeer-Tiramisu-Torte

Biskuitteig: Rühraufsatz einsetzen,
3 Eier, 150 g Zucker
in den Mixtopf geben
und cremig rühren. 3 Min. / Stufe 3
150 g Mehl, 2 TL Backpulver, 10 g Kakao dazugeben und unterheben. 10 Sek. / Stufe 3

Den Teig in eine gefettete Springform geben und backen.

Backzeit: 180°, ca. 15 - 20 Min.

Füllung:
1 P. Pulvergelatine mit **4 EL kaltem Wasser** verrühren und 10 Min. quellen lassen.

1 B. Sahne schlagen.

250 g Mascarpone, 500 g Magerquark, 50 g Amaretto,
100 g Zucker in den Mixtopf
geben und cremig rühren. 20 Sek. / Stufe 4
Gelatine im Wasserbad auflösen.
Gerät einstellen auf 25 Sek. / Stufe 4
Gelatine durch die Deckelöffnung langsam zugeben.
Die geschlagene Sahne dazugeben und unterheben. 10 Sek. / Stufe 4

250 g Johannisbeeren (frische eignen sich am besten) dazugeben und nur mit dem Spatel unterheben.

Erkalteten Boden waagrecht halbieren, unteren Boden auf eine Platte legen und mit einem Tortenring umschließen. Die Hälfte der Masse einfüllen. Zweiten Boden darauf legen und mit restlicher Masse bestreichen.

Über Nacht kalt stellen.

Vor dem Servieren mit **Kakao** bestäuben und mit **Johannisbeeren** verzieren.

Johannisbeer-Zupfkuchen

Obst aus dem Garten verwende ich besonders gerne, deshalb schon wieder ein Rezept mit den „sauren Dingern", die im Kuchen dann plötzlich ganz süß sind.

Zum besseren Zerkleinern Nuss-Nougat vorher kühl stellen.

Mürbteig:
125 g Nuss-Nougat (schnitt-fest) in den Mixtopf geben
und zerkleinern. 10 Sek. / Stufe 6
140 g Margarine, 1 Ei,
300 g Mehl, 80 g Zucker,
2 TL Backpulver dazugeben
und verarbeiten. 40 Sek. / Stufe 5

Ca. $\frac{3}{4}$ des Teiges in eine gefettete Springform geben und einen Rand hochziehen.

Füllung:
750 g Magerquark, 3 Eier,
60 g Margarine, 150 g Zucker,
1 P. Vanillepuddingpulver,
15 g Grieß in den Mixtopf
geben und cremig rühren. 50 Sek. / Stufe 5

Die Masse auf den Teig geben. **300 g Johannisbeeren** darauf verteilen. Aus dem restlichen Teig kleine Stücke zupfen, auf dem Kuchen verteilen und backen.

Backzeit: 180°, ca. 55 - 60 Min.

Käsekuchen

Ein lange gehütetes Geheimrezept der Familie Reisinger. Aber wirklich viel zu schade zum Geheimhalten. Diesen cremig leckeren Kuchen müssen Sie auf alle Fälle versuchen.

Der Mixtopf muss dazwischen nicht gespült werden.

Mürbteig:
80 g Margarine, 80 g Zucker,
1 Ei, 1 P. Vanillezucker,
1 Pr. Salz, 180 g Mehl,
1 TL Backpulver in den Mix-
topf geben und verarbeiten. 40 Sek. / Stufe 5

Den Teig in eine gefettete Springform geben und einen Rand hochziehen.

Füllung:
750 g Magerquark, 2 Eier,
125 g Margarine, 250 g Zucker,
1 P. Vanillezucker, 1 P. Vanille-
puddingpulver, evtl. ½ Fläschchen
Zitronenaroma, 350 g Milch in
den Mixtopf geben und
cremig rühren. 30 Sek. / Stufe 4

Die Masse auf den Teig geben und backen.

Backzeit: 180°, ca. 60 - 70 Min.

Den Kuchen in der Form auskühlen lassen.

Käsesahne

Käsesahne-Rezepte gibt es wie Sand am Meer, wahrscheinlich weil diese Torte zu den beliebtesten überhaupt gehört. Sie ist auch die Lieblingstorte von meinem Papa, wobei ihm eigentlich alle meine Kuchen sehr gut schmecken.

Biskuitteig: <u>Rühraufsatz einsetzen</u>, **3 Eier, 150 g Zucker** in den Mixtopf geben und cremig rühren.	3 Min. / Stufe 3
150 g Mehl, 2 TL Backpulver dazugeben und unterheben.	10 Sek. / Stufe 3

Den Teig in eine gefettete Springform geben und backen. / Backzeit: 180°, ca. 15 - 20 Min.

Füllung:
2 P. Pulvergelatine in **10 EL kaltem Wasser** verrühren und 10 Min. quellen lassen.

2 Eier, 200 g Zucker in den Mixtopf geben und verrühren. 15 Sek. / Stufe 3
500 g Milch dazugeben und aufkochen. ca. 8 Min. / 100° / Stufe 2
Masse auf 90° abkühlen lassen, Gelatine dazugeben und unterrühren. 20 Sek. / Stufe 3

Ca. 45 Min. in den Kühlschrank stellen.

$2\frac{1}{2}$ B. **Sahne** schlagen.

500 g Magerquark zur kaltgestellten Masse geben und unterrühren, Spatel dabei verwenden. 20 Sek. / Stufe 3
Die geschlagene Sahne dazugeben und unterheben. 10 Sek. / Stufe 4

Die Masse nochmals ca. 2 Std. kalt stellen.

Den erkalteten Biskuitboden waagrecht halbieren. Den unteren Boden mit einem Tortenring umschließen. Die Hälfte der Masse einfüllen, mit dem zweiten Boden bedecken und die restliche Masse darauf verteilen. Über Nacht kalt stellen.

$\frac{1}{2}$ **B. Sahne** schlagen und die Torte damit verzieren.
Mit **Dekor-Schoko-Röllchen** verzieren.

Kirsch-Bananen-Torte

Biskuitteig:
100 g Haselnüsse in den Mix-
topf geben, mahlen und umfüllen. 10 Sek. / Stufe 10
Rührausfsatz einsetzen,
3 Eier, 50 g Zucker in den Mix-
topf geben und cremig rühren. 3 Min. / Stufe 3
Rühraufsatz entfernen,
1 Banane, 20 g Milch, 80 g Mehl,
2 TL Backpulver, 1 TL Kaba, Nüsse
dazugeben und unterrühren. 8 Sek. / Stufe 6

Den Teig in eine gefettete Springform geben und backen. / Backzeit: 180°, ca. 10 - 15 Min.

Füllung:
2 P. Pulvergelatine mit **8 EL kaltem Wasser** verrühren und 10 Min. quellen lassen.

1 B. Sahne schlagen.

500 g Magerquark, 125 g Zucker,
3 B. Schmand, 1 P. Vanille-
zucker, Saft einer Zitrone
(bis auf 3 EL) in den Mixtopf
geben und cremig rühren. 50 Sek. / Stufe 5
Gelatine im Wasserbad auflösen.
Gerät einstellen auf 30 Sek. / Stufe 6
Gelatine durch die Deckel-
öffnung langsam zugeben.
Die geschlagene Sahne dazu-
geben und unterheben. 8 Sek. / Stufe 5

Erkalteten Boden mit einem Tortenring umschließen, Masse einfüllen und 2 Std. kalt stellen.

Belag:
1 Glas Kirschen (720 ml) abtropfen lassen, Saft auffangen. **1 Banane** in kleine Stücke schneiden und mit dem restlichen Zitronensaft vermischen.

Guss:
1 P. klaren Tortenguss, 10 g Zucker,
250 g Kirschsaft in den Mixtopf
geben und kochen. ca. 6 Min. / 100° / Stufe 3

Die Kirschen und die Banane dazugeben und nur mit dem Spatel unterheben, auf die Quarkmasse streichen und über Nacht kalt stellen.

Kirsch-Blechkuchen mit Mandeln

Aromatisch-saftige Backhits mit Kirschen!

Den Kuchen können Sie mit der abgeriebenen Schale einer Zitrone zusätzlich noch verfeinern.

Schmeckt auch mit Mirabellen gut.

Mürbteig:
400 g Mehl, 250 g Margarine,
100 g Zucker, 1 Ei, 1 Pr. Salz,
1 TL Backpulver in den Mixtopf
geben und verarbeiten. 40 Sek. / Stufe 5

Den Teig auf ein gefettetes Blech (ca. 30 x 40 cm) mit Backrahmen geben.

Belag:
300 g Margarine, 8 Eier,
200 g Zucker, 1 Pr. Salz,
100 g Schokolade in Stücken,
200 g Mandeln in den Mixtopf
geben und cremig rühren. 50 Sek. / Stufe 6
230 g Mehl, 2 TL Backpulver,
1 TL Zimt dazugeben und
unterheben. 10 Sek. / Stufe 5

Die Hälfte des Belages auf dem Mürbteig verstreichen. **800 g Kirschen** (frische oder aus dem Glas) darauf verteilen, mit dem restlichen Belag bedecken und backen.

Backzeit: 180°, ca. 45 Min.

Vor dem Verzehr mit **Puderzucker** bestäuben.

Kirsch-Mandelkuchen

Kirschen aus dem Glas eignen sich hierfür sehr gut, somit hat man gleich den Kirschsaft dazu.

Am besten schmeckt der Kuchen gut durchgezogen.

Mürbteig:
300 g Mehl, 1 TL Backpulver,
100 g Zucker, 150 g Margarine,
1 Ei in den Mixtopf geben
und verkneten. 40 Sek. / Stufe 5

Den Teig in eine gefettete Springform geben und einen Rand hochziehen.

Belag:
125 g Kirschsaft, 50 g Zucker,
1 TL Zimt in den Mixtopf
geben und kochen. 3 Min. / 100° / Stufe 1
50 g Speisestärke dazu-
geben und unterrühren. 3 Sek. / Stufe 3
300 g Kirschen dazu-
geben und unterheben. 10 Sek. / ↺ / Stufe 2

Die Masse auf den Teig streichen.

Mandelguss:
100 g Margarine, 100 g Sahne,
50 g Zucker in den Mixtopf
geben und erhitzen. 2 Min. / 100° / Stufe 1
150 g Mandelblättchen dazu-
geben und unterheben. 5 Sek. / ↺ / Stufe 1

Den Guss auf die Kirschen gießen und backen.

Backzeit: 180°, ca. 45 Min.

Kirsch-Schokoschnitten

Rührteig:

160 g Margarine, 150 g Zucker, 8 Eier, 200 g Zartbitterschokolade in Stücken, **50 g Amarettinis, 400 g Haselnüsse** in den Mixtopf geben und cremig rühren. 50 Sek. / Stufe 7

50 g Mehl, 1 P. Backpulver, 40 g Amaretto dazugeben und unterrühren. 15 Sek. / Stufe 6

Den Teig auf ein gefettetes Blech (ca. 30 x 40 cm) mit Backrahmen streichen und backen.

Backzeit: 180°, ca. 25 Min.

Belag: **1 P. Pulvergelatine** mit **4 EL kaltem Wasser** verrühren und 10 Min. quellen lassen.

2 B. Sahne schlagen.

1 kg Magerquark, 500 g Mascarpone, 150 g Zucker, 2 P. Vanillezucker in den Mixtopf geben und cremig rühren, mit dem Spatel kräftig mitrühren.	ca. 40 Sek. / Stufe 9
Gelatine im Wasserbad auflösen.	
Gerät einstellen auf	20 Sek. / Stufe 9
Gelatine durch die Deckelöffnung langsam zugeben.	
Die geschlagene Sahne dazugeben und unterheben.	8 Sek. / Stufe 5 - 6

Masse auf den erkalteten Boden streichen und 1 Std. in den Kühlschrank stellen. **Ca. 800 g Kirschen** aus dem Glas abtropfen lassen, den Saft dabei auffangen.

Guss:

3 P. klaren Tortenguss, 50 g Zucker, 500 g Kirschsaft in den Mixtopf geben und kochen.	ca. 8 Min. / 100° / Stufe 3

Die Kirschen dazugeben, mit dem Spatel unterheben und auf der Quarkmasse verteilen. Evtl. nochmals mit einem **Tortenguss** überziehen. Über Nacht kalt stellen.

Maracuja-Käsesahne

Perfekt für Gäste!

Anstelle von Maracuja-Saft können Sie ersatzweise auch Orangensaft verwenden.

Biskuitteig:
Rühraufsatz einsetzen,
3 Eier, 150 g Zucker in den Mixtopf geben und cremig rühren. 3 Min. / Stufe 3
150 g Mehl, 2 TL Backpulver
dazugeben und unterheben. 10 Sek. / Stufe 3

Den Teig in eine gefettete Springform geben und backen. / Backzeit: 180°, ca. 15 - 20 Min.

Füllung:
2 P. Pulvergelatine mit **10 EL kaltem Wasser** verrühren und 10 Min. quellen lassen.

3 B. Sahne schlagen.

500 g Magerquark, 200 g Doppelrahm-Frischkäse, 150 g Zucker, 1 P. Vanillezucker in den Mixtopf geben und cremig rühren. 20 Sek. / Stufe 4
Gelatine in **100 g heißem Maracujasaft** auflösen, **150 g kalten Maracujasaft** dazugeben, in den Mixtopf geben und unterrühren. 8 Sek. / Stufe 4
Die geschlagene Sahne dazugeben und unterheben, Spatel dabei verwenden. ca. 12 Sek. / Stufe 4

Den erkalteten Boden waagrecht halbieren. Den unteren Boden mit einem Tortenring umschließen. Die Hälfte der Masse darauf verteilen. Zweiten Boden auflegen und die restliche Masse darüber geben. Über Nacht kalt stellen.

Guss:
250 g Maracujasaft, 10 g Zucker, 1 P. klaren Tortenguss in den Mixtopf geben und kochen. ca. 6 Min. / 100° / Stufe 3

Den Guss vorsichtig auf der Torte verteilen und erkalten lassen. Vor dem Verzehr mit **Mandelblättchen** bestreuen.

Maulwurftorte

Süße Früchtchen umhüllt von einer bezaubernden Torte!

Rührteig:
6 Eier, 70 g Margarine,
100 g Zucker, 1 P. Vanillezucker,
100 g Haselnüsse in den Mixtopf
geben und cremig rühren. 40 Sek. / Stufe 6
200 g Mehl, 2 TL Back-
pulver, 50 g Schokostreusel
dazugeben und unterheben. 15 Sek. / ↶ / Stufe 4

Den Teig in eine gefettete Springform geben und backen.

Backzeit: 180°, ca. 20 - 25 Min.

3 B. Sahne mit **2 TL Sanapart** schlagen.

Den erkalteten Kuchen aushöhlen, dabei einen 1½ cm breiten Rand und Boden stehen lassen.

3 Bananen waagrecht halbieren, mit **2 EL Zitronensaft** beträufeln und auf den Boden legen.

Ausgehöhlte Stücke in den Mix-
topf geben und zerkleinern. 2 - 3 Sek. / Stufe 8

Brösel bis auf 5 EL zur Sahne geben und unterheben. Masse kuppelförmig auf den Bananen verteilen. Restliche Brösel darauf streuen und leicht andrücken.

Moccaschnitten

Wer diese Schnitten einmal probiert hat, verlangt bestimmt nach mehr!

Für den Belag:
100 g Zucker, 3 EL löslichen Kaffee in den Mixtopf geben, mahlen und umfüllen. 10 Sek. / Stufe 10

Rührteig:
300 g Margarine, 200 g Zucker, 4 Eier, 1 P. Vanillezucker, 50 g Haselnüsse, 100 g Zartbitterschokolade in Stücken in den Mixtopf geben und cremig rühren. 50 Sek. / Stufe 6
Die letzten 20 Sek. den Spatel zum Mitrühren verwenden.
320 g Milch, 400 g Mehl, 50 g Kakao, 1 P. Backpulver dazugeben und unterrühren. 30 Sek. / Stufe 6

Den Teig auf ein gefettetes Blech (ca. 30 x 40 cm) mit Backrahmen streichen und backen.

Backzeit: 180°, ca. 30 - 35 Min.

Belag:
3 B. Sahne schlagen, davon etwas zum Verzieren beiseite stellen.

In die restliche Sahne die Puderzucker-Kaffeemischung rühren und auf den erkalteten Boden streichen. Mit **Kakao** bestäuben, mit Sahnetuffs und **Moccabohnen** verzieren.

Mohn-Kleckselkuchen

Dieses Rezept habe ich selbst zusammengestellt mit dem Namen „Batzelkuchen", aber so etwas gibt es nur in Bayern, deshalb heißt er jetzt Kleckselkuchen.

Mohnbelag:

200 g Mohn in den Mixtopf geben, mahlen und umfüllen.	20 Sek. / Stufe 10
125 g Milch, 80 g Zucker in den Mixtopf geben und kochen.	5 Min. / 100° / Stufe 3
Den gemahlenen Mohn dazugeben, unterrühren und umfüllen.	10 Sek. / Stufe 3

Der Mixtopf muss nur nach der Mohnmasse gespült werden.

Hefeteig:

250 g Milch, 100 g Margarine,
60 g Zucker, 1 W. Hefe in den
Mixtopf geben und erwärmen. 2 Min. / 37° / Stufe 2
500 g Mehl, 1 Pr. Salz
dazugeben und verarbeiten. 2 Min. / Knetstufe

Den Teig auf ein gefettetes Blech (ca. 30 x 40 cm) mit Backrahmen geben. Der Teig muss nicht gehen.

Quarkbelag:

500 g Magerquark, 4 Eier,
160 g Zucker in den Mixtopf geben und verrühren. 50 Sek. / Stufe 3 - 4

Abwechselnd Mohn- und Quarkmasse mit einem Esslöffel in Klecksen auf dem Teig verteilen. Mit einem Teelöffel **50 g Pflaumenmus** in kleinen Klecksen darauf geben.

Streusel:

100 g Zucker, 1 TL Vanillezucker, 70 g Margarine,
140 g Mehl in den Mixtopf
geben und verarbeiten. 10 Sek. / Stufe 6

Die Streusel auf dem Kuchen verteilen und backen.

Backzeit: 180°, ca. 40 Min.

Mohn-Puddingkuchen

Dieses spitzenmäßige Rezept stammt aus der Oberpfalz von unseren Klardorfer Freunden.

Verwöhnen doch auch Sie Ihre Gäste mit diesem Kuchen.

Mürbteig:
300 g Mehl, 2 TL Backpulver,
50 g Zucker, 150 g Margarine,
1 Ei in den Mixtopf geben
und verarbeiten. 40 Sek. / Stufe 5

Den Teig in eine gefettete Springform geben und einen Rand hochziehen.

Füllung:
100 g Mohn in den Mixtopf
geben, mahlen und umfüllen. 20 Sek. / Stufe 10

500 g Milch, 50 g Zucker,
1 P. Vanillepuddingpulver in
den Mixtopf geben und kochen. 9 Min. / 90° / Stufe 3
80 g Butter in kleinen Stücken,
200 g Magerquark, den gemahlenen Mohn dazugeben
und unterrühren. ca. 20 Sek. / Stufe 3

Die Masse auf den Mürbteig geben und vorbacken.

Backzeit: 180°, ca. 40 Min.

Belag:
3 Eiweiß in den Mixtopf
geben und schlagen. 2 Min. / Stufe 4
3 Eigelb, 40 g Zucker,
20 g Milch, 1 P. Vanillezucker, 1 B. Schmand
dazugeben und unterheben. ca. 15 Sek. / Stufe 2

Die Masse vorsichtig auf dem vorgebackenen Kuchen verteilen und bei gleicher Temperatur ca. 12 - 15 Min. weiterbacken.

Mohntorte

Dieses Rezept habe ich von einer sehr lieben Freundin. Es ist ein bisschen aufwendig, aber die Mühe lohnt sich auf alle Fälle.

Hier gab es „Beschwerden", dass in den Kuchen keine Rosinen gehören. Sie können sie natürlich auch ersatzlos weglassen.

Füllung:
400 g Mohn in den Mixtopf
geben, mahlen und umfüllen. 50 Sek. / Stufe 10

130 g Milch, 150 g Zucker,
100 g Margarine in den Mixtopf geben und aufkochen. 4 Min. / 100° / Stufe 2
1 TL Zimt, 20 g Sahne, 1 Ei,
40 g Weinbrand, 80 g Rosinen,
den gemahlenen Mohn dazugeben und unterrühren. 5 Sek. / Stufe 6

Masse umfüllen und ca. 10 Min. abkühlen lassen.

Quarkteig:
250 g Quark (20 %), 2 Eier,
180 g Zucker, 1 P. Vanillezucker,
125 g Margarine, 500 g Mehl,
1 P. Backpulver in den Mixtopf
geben und verkneten, Spatel
dabei evtl. verwenden. 1 Min. / Stufe 5

Vom Teig 100 g abwiegen und für die Kleckse beiseite stellen. Restlichen Teig in 6 gleich große Teile schneiden. Teigteile jeweils in Springformgröße ausrollen und in die Form geben, einen großen Schöpflöffel voll Mohnmasse einfüllen und verstreichen, abwechselnd so weiter verfahren, bis Mohn und Teig aufgebraucht sind. Zum Schluss den beiseite gestellten Teig in kleinen Klecksen oder in Streifen auf dem Mohn verteilen und backen.

Backzeit: 180°, ca. 55 - 60 Min.

Multivitamin-Torte

Endlich mal eine Torte mit vielen Vitaminen!

Biskuitteig:
Rühraufsatz einsetzen,
3 Eier, 150 g Zucker in
den Mixtopf geben und
cremig rühren. 3 Min. / Stufe 3
150 g Mehl, 2 TL Backpulver
dazugeben und unterheben. 10 Sek. / Stufe 3

Den Teig in eine gefettete Springform geben und backen.

Backzeit: 180°, ca. 15 - 20 Min.

Füllung:
2 P. klaren Tortenguss,
500 g Multivitaminsaft,
40 g Zucker in den Mixtopf geben und kochen. ca. 8 Min. / 100° / Stufe 3

Den erkalteten Boden mit einem Tortenring umschließen. **4 kleine Bananen** in 1 cm große Stücke schneiden und auf den Boden legen. Tortenguss über die Bananen geben und erkalten lassen.

1 P. Pulvergelatine mit **4 EL kaltem Wasser** verrühren und 10 Min. quellen lassen.

2 B. Sahne schlagen.

40 g Zucker in den Mixtopf geben und mahlen. 20 Sek. / Stufe 10
200 g Doppelrahm-Frischkäse,
100 g Crème fraîche,
40 g Amaretto dazugeben und verrühren. 10 Sek. / Stufe 5
Gelatine im Wasserbad auflösen.
Gerät einstellen auf 20 Sek. / Stufe 3 - 4
Gelatine durch die Deckelöffnung langsam zugeben.
Die geschlagene Sahne dazugeben und unterheben. 25 Sek. / Stufe 4

Die Masse auf den Guss geben und über Nacht kalt stellen. Mit **Schokostreuseln** verzieren.

Müsliriegel

Die Riegel sind schnell und einfach zubereitet. Wie lange sie haltbar sind, kann ich leider nicht sagen, da sie bei mir noch keine 2 Tage „überlebt“ haben.

Sie können die Nüsse auch ersatzlos weglassen.

Die Riegel in einer netten Dose verpackt eignen sich sehr gut als kleines Mitbringsel.

100 g Haselnüsse hacken
und umfüllen. 4 Sek. / Stufe 6

50 g Margarine, 60 g Zucker, 100 g Honig, 1 TL Zitronensaft in den Mixtopf geben
und erwärmen. 4 Min. / 100° / Stufe 1

200 g kernige Haferflocken, 100 g knusprige Flakes (Wellnessflakes) 50 g Sonnenblumenkerne, 30 g Kokosflocken, die gehackten Haselnüsse
dazugeben und vermischen. 1 Min. / ↶ / Stufe 4

Die warme Masse sofort auf einem mit Backpapier belegtem Blech (ca. 25 x 30 cm) verteilen und glatt drücken (evtl. mit einem Nudelholz).

Nach 10 Min. in Riegel schneiden, auskühlen lassen und in einer Dose aufbewahren.

Nuss-Marzipan-Zopf

Backen Sie diesen leckeren Zopf gleich und genießen Sie ihn lauwarm zu einer Tasse Kaffee!

Den Teig lasse ich in der Form meistens gar nicht mehr gehen, was immer gut funktioniert hat.

Rühren Sie Puderzucker mit Milch anstelle von Wasser an, wird der Guss schön weiß. Für farbigen Guss z.B. Heidelbeer- oder Kirschsaft verwenden.

Hefeteig:
120 g Milch, ½ W. Hefe,
400 g Mehl, 40 g Zucker,
2 Eier, 40 g Margarine,
30 g Rum in den Mixtopf
geben und verarbeiten. 2 Min. / Knetstufe

Den Teig ca. 1 Stunde im Mixtopf gehen lassen.

Anschließend auf einer bemehlten Arbeitsfläche ausrollen (ca. 30 x 35 cm).

Der Mixtopf muss dazwischen nicht gespült werden.

Füllung:
150 g Marzipan-Rohmasse
in Stücken, **200 g Haselnüsse** in den Mixtopf geben
und mahlen. 10 Sek. / Stufe 10
100 g Margarine, 60 g Honig
dazugeben und erhitzen. 3 Min. / 60° / Stufe 2

Die Füllung auf dem Teig gleichmäßig verstreichen, aufrollen und in eine Zopfform geben. Evtl. nochmals 20 Min. zugedeckt gehen lassen und backen.

Backzeit: 50°, 10 Min.,
anschließend 180°, ca. 35 - 40 Min.

Nach dem Erkalten mit einer Glasur aus **Puderzucker** und **Amaretto** einstreichen.

Nutella®-Torte

Für besondere Momente!

Biskuitteig: Rühraufsatz einsetzen,
3 Eier, 150 g Zucker in den Mixtopf geben und cremig rühren. 3 Min. / Stufe 3
150 g Mehl, 2 TL Backpulver, 10 g Kakao dazugeben und unterheben. 10 Sek. / Stufe 3

Den Teig in eine gefettete Springform geben und backen.

Backzeit: 180°, ca. 15 - 20 Min.

Füllung:
1 P. Pulvergelatine mit **4 EL kaltem Wasser** verrühren und 10 Min. quellen lassen.

1 B. Sahne schlagen.

130 g Nutella®, **4 B. Schmand** in den Mixtopf geben und verrühren.	30 Sek. / Stufe 4
Gelatine im Wasserbad auflösen.	
Gerät einstellen auf	20 Sek. / Stufe 4
Gelatine durch die Deckelöffnung langsam zugeben.	
Die geschlagene Sahne dazugeben und unterheben, Spatel zum Mitrühren verwenden.	15 Sek. / Stufe 4

Ca. 70 g Nutella® erwärmen.

Den erkalteten Boden waagrecht halbieren, den unteren Boden mit einem Tortenring umschließen und mit Nutella® bestreichen. Die Hälfte der Füllung darauf verstreichen, zweiten Boden auflegen und die restliche Masse einfüllen.

Mit **Schokostreuseln** und **gehackten Mandeln** bestreuen. Mit **Nutellatuffs** garnieren.

Über Nacht kalt stellen.

Obstgarten-Torte

Ein leckerer Sommerkuchen mit vielen frischen Früchten aus dem Garten. Sehr schmackhaft z.B. mit Johannisbeeren, Brombeeren, Himbeeren und Kirschen.

Gibt es kein frisches Obst, verwende ich Pfirsiche oder Ananas aus der Dose, Kiwis, Weintrauben ohne Kerne etc.

Eine Banane mit Zitronensaft beträufelt nehme ich immer dazu. Sie gibt der Torte eine besondere Note.

Biskuitteig: Rühraufsatz einsetzen,
3 Eier, 100 g Zucker in den Mixtopf geben und cremig rühren. 3 Min. / Stufe 3
100 g Mehl, 1 TL Backpulver dazugeben und unterheben. 10 Sek. / Stufe 3

Den Teig in eine gefettete Springform geben und backen.

Backzeit: 180°, ca. 15 - 20 Min.

Belag:
2 B. Sahne mit **2 P. Sahnesteif** schlagen.

250 g Magerquark,
70 g Zucker in den Mixtopf geben und verrühren. 30 Sek. / Stufe 3
Die geschlagene Sahne dazugeben und unterheben, Spatel zum Mitrühren verwenden. 20 Sek. / Stufe 6

Erkalteten Boden mit einem Tortenring umschließen. Mit **3 EL Eierlikör** tränken, die Masse einfüllen und glatt streichen. Mit **400 g** klein geschnittenem **Obst** belegen.

Guss:
1 P. klaren Tortenguss,
20 g Zucker, 250 g Wasser
in den Mixtopf geben und kochen. ca. 6 Min. / 100° / Stufe 3

Den Guss gleichmäßig auf dem Obst verteilen und über Nacht kalt stellen.

Obsttörtchen

Da werden Ihre Gäste staunen! Diese Törtchen sind relativ einfach in der Zubereitung und schmecken garantiert jedem.

Biskuitteig: Rühraufsatz einsetzen,
5 Eier, 125 g Zucker in den
Mixtopf geben und cremig rühren. 4 Min. / Stufe 3
175 g Mehl, 2 TL Backpulver
dazugeben und unterheben. 10 Sek. / Stufe 3

Teig auf ein gefettetes Backblech (ca. 35 x 40 cm) mit Backrahmen streichen und backen.

Backzeit: 180°, ca. 10 Min.

Zum Wälzen:
50 g Haselnüsse in den Mixtopf
geben, mahlen und umfüllen. ca. 6 Sek. / Stufe 10

Buttercreme:
1 P. Vanillepuddingpulver,
75 g Zucker, 450 g Milch in
den Mixtopf geben und kochen. 7 Min. / 90° / Stufe 3

Pudding umfüllen, mit Frischhaltefolie bedecken, damit er keine Haut bekommt und auskühlen lassen.

120 g zimmerwarme Butter oder
Margarine in den Mixtopf geben.
Gerät einstellen auf 1 Min. / Stufe 3
Den zimmerwarmen Pudding löffelweise durch die Deckelöffnung geben.
Danach evtl. kurz auf Stufe 4 - 5 hoch schalten.

Belag:
z.B. Erdbeeren, Himbeeren, Kiwis, Kirschen, Ananas

5 EL Rum mit **3 EL Wasser** vermischen und den Boden damit tränken. Mit einem Glas von 6 cm ∅ 24 Plätzchen ausstechen. Plätzchen mit der Creme bestreichen und je 2 Stück zusammensetzen. Den Rand ebenfalls mit Creme bestreichen und diesen in den Nüssen wälzen. Die restliche Creme auf der Oberfläche verteilen. Törtchen mit Obst belegen und mit Tortenguss überziehen.

Guss:
½ P. (= 2 TL) Tortenguss,
10 g Zucker, 125 g Wasser in
den Mixtopf geben und kochen. ca. 4 Min. / 100° / Stufe 3

Osterhäschen

Zum Verschenken - oder lieber selbst genießen?

Zum Verzieren verwende ich eine Sahnespritze mit der kleinsten Tülle. Die Glasur muss sehr fest sein. Die Hasen schmecken frisch gebacken am besten. Zum Aufbewahren nur mit einem Tuch abdecken.

Abwandlung zu Quark-Nusstalern: Einfach die Ohren weglassen, nach dem Erkalten mit Puderzucker-Amarettoguss einstreichen und mit Zuckerstreuseln oder gehackten Nüssen verzieren.

Quark-Öl-Teig:
200 g Magerquark, 85 g Milch, 50 g Öl, 80 g Zucker, 1 P. Vanillezucker, 1 Pr. Salz, 350 g Mehl, 1 P. Backpulver in den Mixtopf geben und verarbeiten. 40 Sek. / Stufe 5

Füllung:
70 g Haselnüsse, 50 g Marzipan-Rohmasse, 40 g Zucker in den Mixtopf geben und mahlen. 8 Sek. / Stufe 6
1 Eiweiß dazugeben und unterrühren. 5 Sek. / Stufe 4

Teig in 7 Stücke teilen. Von jedem Stück etwas abnehmen und daraus je zwei Ohren formen. Die großen Stücke mit der Nussfüllung füllen (ähnlich wie bei Knödeln, die mit Brot gefüllt werden) und auf mit Backpapier belegte Bleche legen. **1 Ei** trennen, Ohren am unteren Ende mit Eiweiß bestreichen und etwas unter den Kopf schieben, leicht andrücken und backen.

Backzeit: 180°, ca. 20 - 25 Min.

Das Eigelb mit **1 TL Milch** verrühren und die Hasen **nach ca. 15 Min. Backzeit** damit bestreichen.

Etwas Eiweiß mit ca. **60 g Puderzucker** verrühren. Einen Teil davon mit **Speisefarben** mischen und die erkalteten Hasen beliebig damit verzieren.

Pfirsich-Schmandkuchen

Für Käsekuchen gibt es sehr viele ähnliche Rezepte und doch schmecken sie alle immer wieder anders.

Mürbteig verarbeite ich gleich weiter und lasse ihn nicht im Kühlschrank ruhen. Die Margarine dafür nehme ich jedoch meistens aus dem Kühlschrank.

Pfirsiche z.B. durch Aprikosen austauschen.

Der Mixtopf muss dazwischen nicht gespült werden.

Mürbteig:
200 g Mehl, 2 TL Backpulver,
50 g Zucker, 1 P. Vanillezucker,
75 g Margarine, 1 Ei in den Mix-
topf geben und verarbeiten. 40 Sek. / Stufe 5

Den Teig in eine gefettete Springform geben und einen Rand hochziehen.

1 Dose (825 ml) Pfirsiche in Würfel schneiden.

Belag:
2 Eier, 100 g Zucker,
400 g Doppelrahm-Frischkäse,
2 B. Schmand, 1 P. Vanille-
puddingpulver, 3 EL Zitronen-
saft in den Mixtopf geben und
cremig rühren. 30 Sek. / Stufe 4

Die Pfirsiche dazugeben und nur mit dem Spatel unterheben.

Die flüssige Masse auf den Teig geben und backen.

Backzeit: 180°, ca. 50 - 55 Min.

Pflaumen-Nuss-Torte

Pflaumen lecker kombiniert!

Biskuitteig: Rühraufsatz einsetzen,
4 Eier, 180 g Zucker in den Mix-
topf geben und cremig rühren. 5 Min. / Stufe 3
150 g Mehl, 40 g Speisestärke,
2 TL Backpulver, ½ TL Zimt
dazugeben und unterheben. 15 Sek. / Stufe 3

Den Teig in eine gefettete Springform geben und backen. / Backzeit: 180°, ca. 30 - 35 Min.

Den erkalteten Boden waagrecht halbieren und mit einem Tortenring umschließen.

60 g Walnüsse in den Mixtopf
geben, hacken und umfüllen. 6 Sek. / Stufe 5

600 g entsteinte **Pflaumen** oder **Zwetschgen** (bis auf ein paar zum Dekorieren) in kleine Würfel schneiden.

Füllung:
100 g Rotwein, 50 g Zucker,
100 g Traubensaft in den Mixtopf geben und erhitzen. 2 Min. / 100° / Stufe 1
50 g Traubensaft mit **35 g Stärke** verrühren.
Gerät einstellen auf 8 Sek. / Stufe 2
Saft-Gemisch langsam durch die Deckelöffnung zugeben.

Gewürfelte Früchte dazugeben und nur mit dem Spatel unterheben. Den unteren Boden mit einem Tortenring umschließen, die Masse darauf geben und den zweiten Boden auflegen.

Belag:
2 B. Sahne mit **4 TL Sanapart** schlagen.

250 g Mascarpone, 50 g Zucker,
40 g gehackte Walnüsse in den
Mixtopf geben und verrühren. 10 Sek. / ↶ / Stufe 2
Die geschlagene Sahne dazugeben und unterheben. 10 Sek. / ↶ / Stufe 5

Creme auf den Boden streichen und ca. 3 Std. kühlen. Tortenring entfernen. **1 B. Sahne** mit **2 TL Sanapart** schlagen. Die Torte damit verzieren und mit den restlichen gehackten Nüssen, Pflaumen und **halbierten Walnüssen** garnieren. Über Nacht durchziehen lassen.

Pflaumen-Streuselkuchen

Frisch aus dem Ofen, vielleicht sogar noch ein bisschen warm, mit kühler, steif geschlagener Sahne schmeckt dieser saftige Pflaumenkuchen am allerbesten.

Die Schokostreusel können Sie auch ersatzlos streichen.

Der Mixtopf muss dazwischen nicht gespült werden.

Rührteig:
200 g Margarine, 5 Eier,
180 g Zucker, 1 P. Vanille-
zucker in den Mixtopf geben
und cremig rühren. 1 Min. / Stufe 5
300 g Mehl, 1 P. Backpulver,
Saft von einer ½ Zitrone,
50 g Schokostreusel,
100 g Eierlikör dazu-
geben und unterheben. 15 Sek. / ↺ / Stufe 4

Den Teig auf ein gefettetes Blech (ca. 30 x 40 cm) mit Backrahmen streichen.

Ca. 1,2 kg entsteinte und halbierte **Pflaumen** oder **Zwetschgen** in den Teig stecken.

Streusel:
250 g Mehl, 100 g Zucker,
140 g Margarine, 1 P. Vanille-
zucker, 2 TL Zimt in den Mix-
topf geben und verarbeiten. ca. 20 Sek. / Stufe 5

Die Streusel evtl. mit den Händen nochmals zerbröseln, auf die Früchte geben und backen.

Backzeit: 180°, ca. 40 Min.

Pudding-Schmand-Schnitten

Damit wird der Sonntag noch mal so schön!

Ein herrlich cremiger Kuchen. Freuen Sie sich auf die Komplimente, die Sie bekommen werden.

Rührteig:
250 g Margarine, 1 P. Vanillezucker, 250 g Zucker, 4 Eier
in den Mixtopf geben und
cremig rühren. 50 Sek. / Stufe 5
70 g Eierlikör, 300 g Mehl,
2 TL Backpulver dazugeben
und unterrühren. 30 Sek. / Stufe 6

Den Teig auf ein gefettetes Blech (ca. 30 x 40 cm) mit Backrahmen streichen.

1. Belag:
1 l Milch, 2 P. Vanillepuddingpulver (kein Zucker) in den
Mixtopf geben und kochen. 10 Min. / 90° / Stufe 3

Den heißen Pudding auf den Teig streichen und backen.

Backzeit: 180°, ca. 35 - 40 Min.

2. Belag nach dem Backen:
5 B. Schmand, 80 g Zucker
in den Mixtopf geben und
verrühren. 20 Sek. / Stufe 4

Den Schmand in kleinen Klecksen auf den heißen Kuchen geben und vorsichtig mit einem Messer glatt streichen.

1½ EL Zucker und **1 TL Zimt** vermischen und den erkalteten Kuchen damit bestreuen.

Quark-Fruchtschnitten

Fruchtig frischer Hochgenuss!

Belegen Sie eine Hälfte mit Johannisbeeren, eine Hälfte mit Mandarinen, somit haben Sie gleich zwei unterschiedliche Schnitten. Es kann jedoch sein, dass der Saft von den Johannisbeeren während des Backens etwas über die Mandarinen läuft. Gibt man roten Tortenguss darüber, fällt es gar nicht mehr so auf.

Schmeckt auch mit Apfelspalten.

Mürbteig:
380 g Mehl, 2 TL Backpulver, 150 g Zucker, 1 P. Vanillezucker, 250 g Margarine, 1 Ei, 20 g Milch in den Mixtopf geben und verarbeiten. 40 Sek. / Stufe 5

Den Teig auf ein gefettetes Blech (ca. 30 x 40 cm) mit Backrahmen geben und glatt streichen.

Belag:
1250 g Magerquark, 4 Eier, 250 g Zucker, 1 P. Vanillezucker, 1 P. Vanillepuddingpulver, 160 g Öl, 180 g Milch in den Mixtopf geben und cremig rühren. 25 Sek. / Stufe 6

Die Masse auf den Teig geben. **220 g Johannisbeeren** und **1 Dose (à 312 ml) Mandarinen** darauf verteilen und backen.

Backzeit: 180°, ca. 60 Min.

Guss:
1 P. Tortenguss, 20 g Zucker, 250 g Wasser in den Mixtopf geben und kochen. ca. 6 Min. / 100° / Stufe 3

Den erkalteten Kuchen damit überziehen.

Rhabarber-Krümeltorte

Meine Nachbarin Astrid meinte: „Das ist der beste Rhabarberkuchen den ich jemals gegessen habe!" Wenn das kein Kompliment ist...

Biskuitteig: Rühraufsatz einsetzen,
3 Eier, 130 g Zucker in den Mixtopf geben und cremig rühren. 3 Min. / Stufe 3
150 g Mehl, 2 TL Backpulver dazugeben und unterheben. 10 Sek. / Stufe 3

Den Teig in eine gefettete Springform geben und backen.

Backzeit: 180°, ca. 15 - 20 Min.

Belag:
1 P. Sahnepuddingpulver,
250 g Wasser, 90 g Zucker,
1 P. Vanillezucker in den Mix-
topf geben und erhitzen. 3 Min. / 90° / Stufe 3
450 g geschälten und in sehr
kleine Stücke geschnittenen
Rhabarber dazugeben und
aufkochen. 5 Min. / 90° / ↺ / Stufe 3

Pudding <u>umfüllen</u> und ca. 2 Std. erkalten lassen.

Den erkalteten Boden aushöhlen, dabei einen 1 - 2 cm breiten Rand und Boden stehen lassen. Stücke in eine Schüssel geben und mit der Hand zerbröseln. Rhabarber-Pudding auf den Boden streichen und vollständig abkühlen lassen.

25 g Mandeln in den Mix-
topf geben und mahlen. 10 Sek. / Stufe 10

25 g Margarine in einer Pfanne erhitzen, darin **2 EL Zucker,** gemahlene Mandeln und die Krümel rösten; danach abkühlen lassen.

2 B. Sahne schlagen, Torte damit einstreichen, Krümel auf die Sahne geben und mit Sahnetuffs verzieren.

Rhabarber-Puddingschnitten

Der Kuchen ist ein Traum, er zergeht fast auf der Zunge!

Mürbteig:
400 g Mehl, 2 TL Backpulver,
100 g Zucker, 2 Eier, 10 g Milch,
175 g Margarine in den Mix-
topf geben und verkneten. 40 Sek. / Stufe 5

Den weichen Teig auf ein gefettetes Blech (ca. 35 x 40 cm) mit Backrahmen geben.

1. Creme:
500 g Milch, 1 Eigelb, 1 P. Vanille-puddingpulver, 200 g Zucker in den Mixtopf geben und kochen. 7 Min. / 90° / Stufe 3
15 Min. abkühlen lassen.
500 g Magerquark,
2 P. Vanillezucker dazugeben und unterrühren. 20 Sek. / Stufe 4

1 Eiweiß mit dem Handmixer zu Schnee schlagen und nur mit dem Spatel unterheben. Masse auf den Teig streichen.

2. Creme:
700 g geschälten und in kleine Stücke geschnittenen **Rhabarber,**
250 g Wasser, 180 g Zucker in den Mixtopf geben und kochen. 7 Min. / 90° / Stufe 3
250 g Wasser mit **2 P. Vanille-puddingpulver** in einem Becher verrühren, dazugeben und weiterkochen. 8 Min. / 90° / Stufe 3

Den Rhabarberpudding auf der 1. Creme verteilen und backen.

Backzeit: 180°, ca. 40 - 45 Min.

2 B. Sahne schlagen, auf den erkalteten Kuchen streichen und mit **Mandelblättchen** bestreuen.

Röllchen-Torte

Biskuitteig:

50 g Haselnüsse in den Mixtopf geben, mahlen und umfüllen. 8 Sek. / Stufe 8

Rühraufsatz einsetzen, **3 Eier, 20 g heißes Wasser, 150 g Zucker, 1 P. Vanillezucker** in den Mixtopf geben und cremig rühren. 3 Min. / Stufe 3

100 g Mehl, 2 TL Backpulver, 10 g Kakao, die gemahlenen Nüsse dazugeben und unterheben. 10 Sek. / Stufe 3

Den Teig in eine gefettete Springform geben und backen.

Backzeit: 180°, ca. 15 - 20 Min.

Füllung:
2 P. Pulvergelatine in **8 EL kaltem Wasser** verrühren und 10 Min. quellen lassen.

2 B. Sahne schlagen.

180 g Zucker in den Mixtopf geben und mahlen.	10 Sek. / Stufe 10
2 P. Vanillepuddingpulver, 250 g Quark (40 %), 280 g Eierlikör dazugeben und verrühren.	20 Sek. / Stufe 4
Gelatine im Wasserbad auflösen.	
Gerät einstellen auf	20 Sek. / Stufe 3
Gelatine durch die Deckelöffnung langsam zugeben.	
Die geschlagene Sahne dazugeben und unterheben.	10 Sek. / Stufe 4

Die Masse ca. 10 Min. in den Kühlschrank stellen.

Den erkalteten Boden mit einem Tortenring umschließen. **Je 1 P. Waffelröllchen Zartbitter** und **Vollmilch:** Davon jeweils ein Röllchen in etwas Creme tauchen und am Rand aufstellen. Die Creme einfüllen und über Nacht kühl stellen.

Nach Belieben mit **Sahnetuffs, Schokoraspeln** und **Eierlikör** garnieren.

Rosenkuchen

Schmeckt gut, sieht gut aus und ist schnell fertig!

Abwandlung zu Nuss-Marzipan-Schnecken:

Den Teig nur ca. 25 cm breit ausrollen, mit der Füllung bestreichen, von der Längsseite her aufrollen und in 2 cm dicke Scheiben schneiden. Mit der Schnittfläche nach unten auf ein mit Backpapier belegtes Blech legen und ca. 15 Min. backen.

Ebenfalls mit der Glasur einstreichen.

Hefeteig:

75 g Margarine, 100 g Milch,
50 g Zucker, ½ W. Hefe in den
Mixtopf geben und erwärmen. 2 Min. / 37° / Stufe 2
350 g Mehl, knapp ¼ TL Salz,
1 Ei dazugeben und verkneten. 2 Min. / Knetstufe

Den Teig gehen lassen (bis der Mixtopf fast voll ist). Auf bemehlter Arbeitsfläche zu einem Rechteck von ca. 40 x 35 cm ausrollen.

Füllung:

200 g Marzipan-Rohmasse in
Stücken, **200 g Haselnüsse** in
den Mixtopf geben und mahlen. 10 Sek. / Stufe 10
2 Eier, 80 g Milch dazugeben und unterrühren. 20 Sek. / Stufe 4

Die Masse auf den Teig streichen und von der Längsseite her aufrollen. Die Teigrolle in ca. 3 cm dicke Scheiben schneiden (ca. 14 Stück) und mit der Schnittfläche nach unten dicht an dicht in eine gefettete Springform setzen. Mit **etwas Milch** bepinseln und backen.

Backzeit: 180°, ca. 35 Min.

Nach dem Erkalten mit einer Glasur aus **Puderzucker** und **Amaretto** einstreichen.

Schmandkuchen

Herrlich cremig!

Aus gutem Grund zählt dieser Kuchen zu den beliebtesten überhaupt. Schließlich ist er unglaublich einfach herzustellen und schmeckt wirklich jedem.

Gibt es gerade kein frisches Obst, nehme ich als Alternative 1 Dose (312 ml) Mandarin-Orangen.

Mürbteig:
**200 g Mehl, 2 TL Back-
pulver, 50 g Zucker, 1 P. Vanille-
zucker, 75 g Margarine, 1 Ei**
in den Mixtopf geben und
verarbeiten. 40 Sek. / Stufe 5

Den weichen Teig in eine gefettete Springform geben und einen Rand hochziehen.

Pudding:
**500 g Milch, 2 P. Vanillepudding-
pulver, 200 g Zucker** in den
Mixtopf geben und kochen. 8 Min. / 90° / Stufe 3
4 B. Schmand dazugeben
und unterrühren. 15 Sek. / Stufe 5

Die heiße Pudding-Schmandmasse auf den Teig gießen, mit ca. **220 g Kirschen** belegen und backen.

Backzeit: 180°, ca. 75 - 80 Min.

Guss:
**½ P. (= 2 TL) roten Tortenguss,
10 g Zucker, 125 g Wasser**
in den Mixtopf geben
und kochen. ca. 4 Min. / 100° / Stufe 2

Den Guss auf dem lauwarmen Kuchen verteilen. In der Form über Nacht abkühlen lassen.

Schneeflockentorte

Schmeckt auch im Sommer!

Geröstete Kokosflocken geben der Torte eine exotische Note.

Sie können die Marmelade natürlich je nach Geschmack beliebig wählen. Sehr zu empfehlen ist z.B. auch Johannisbeermarmelade.

50 g Kokosflocken in einer Pfanne ohne Fett rösten und etwas abkühlen lassen.

Rührteig:
125 g Margarine, 4 Eier,
100 g Zucker, 1 P. Vanille-zucker in den Mixtopf
geben und cremig rühren. 50 Sek. / Stufe 5
100 g Mehl, 2 TL Backpulver,
die gerösteten Kokosflocken
in den Mixtopf geben und
unterrühren. 20 Sek. / Stufe 5

Den Teig in eine gefettete Springform streichen und backen.

Backzeit: 180°, ca. 20 Min.

Füllung:
2 B. Sahne schlagen, etwas für die Verzierung beiseite stellen.

Den erkalteten Boden waagrecht halbieren und mit **Brombeermarmelade** (Menge je nach gewünschter Dicke) bestreichen. Sahne darauf geben und mit dem zweiten Boden bedecken. Mit restlicher Sahne rundherum bestreichen.

Mit **Kokosflocken** bestreuen und mit Sahnetuffs und etwas Marmelade verzieren.

Schoko-Käsekuchen mit knusprigen Streuseln

Beim Anblick dieses Traumkuchens wird wohl mancher Abnehmwillige seine Diät über Bord werfen. Gut, dass schon ein kleines Stück davon glücklich macht.

Mürbteig:
270 g Mehl, 2 TL Backpulver,
60 g Zucker, 1 P. Vanillezucker,
120 g Margarine, 1 Ei in den
Mixtopf geben und verarbeiten. 40 Sek. / Stufe 5

Den Teig in eine gefettete Springform geben und einen Rand hochziehen.

Füllung:
1 kg Magerquark, 250 g Zucker,
5 Eier, 200 g Crème fraîche,
20 g Grieß, 3 EL Zitronensaft,
2 P. Vanillepuddingpulver in den
Mixtopf geben und cremig rühren. 40 Sek. / Stufe 6

Knapp 2/3 davon in eine Schüssel umfüllen.
Zur restlichen Creme **15 g Kakao**
geben und unterrühren. 10 Sek. / Stufe 4

Auf die Teigmitte jeweils einen großen Schöpflöffel helle Creme, darauf einen kleinen Schöpflöffel dunkle Creme geben, bis beide Cremes aufgebraucht sind. Für Eilige: Cremes wie bei einem Marmorkuchen einfüllen.

Streusel:
70 g Zartbitterschokolade
in Stücken in den Mixtopf
geben, hacken und umfüllen. 8 Sek. / Stufe 6

170 g Mehl, 100 g Margarine,
60 g Zucker, 1 TL Vanillezucker in
den Mixtopf geben und verarbeiten. 10 Sek. / Stufe 4
Die gehackte Schokolade
dazugeben und untermischen. 3 Sek. / Stufe 4

Die Streusel auf dem Kuchen verteilen und backen.

Backzeit: 180°, ca. 70 Min.

Schokosahne

Lassen Sie sich verführen mit feinster Schokolade! Belegen Sie den Boden doch zur Abwechslung mal mit gekochten Birnen.

Biskuitteig: Rühraufsatz einsetzen,
3 Eier, 150 g Zucker in den Mixtopf geben und cremig rühren. 3 Min. / Stufe 3
150 g Mehl, 2 TL Backpulver,
10 g Kakao dazugeben und unterheben. 10 Sek. / Stufe 3

Den Teig in eine gefettete Springform geben und backen. / Backzeit: 180°, ca. 15 - 20 Min.

Füllung:
1 P. Pulvergelatine in **6 EL kaltem Wasser** verrühren und 10 Min. quellen lassen.

140 g Blockschokolade in Stücken,
15 g Palmin in den Mixtopf geben,
mahlen und umfüllen. ca. 15 Sek. / Stufe 10
220 g Milch, 60 g Zucker,
15 g Speisestärke in den Mixtopf geben und aufkochen. 4 Min. / 100° / Stufe 1
Die gemahlene Schokolade dazugeben und unterrühren. 1 Min. / Stufe 2
Die Gelatine dazugeben und unterrühren. 30 Sek. / Stufe 2
Die Masse ca. 30 Min. im Kühlschrank abkühlen lassen.

3½ B. geschlagene **Sahne**
dazugeben und unterheben. ca. 20 Sek. / Stufe 5

Masse ca. 1 Std. kalt stellen, bis sie zu gelieren beginnt. Den erkalteten Boden mit einem Tortenring umschließen, Schokosahne einfüllen und kalt stellen.

½ B. Sahne schlagen und die Torte mit Sahnetuffs, **Raspelschokolade** und **Zebra-Röllchen** verzieren.

Oder: Die heiße Schokoladenmasse zur geschlagenen Sahne geben und nur mit dem Handmixer verrühren. Die Masse wird nicht so flüssig und muss nicht nochmals kalt gestellt werden. Sie wird etwas luftiger. Bereitet man sie im Wundertopf zu, wird sie feiner und dunkler und schmeckt noch schokoladiger.

Schwarzwaldschnitten

Feine Schnitten für liebe Gäste!

Ist Ihnen eine Schwarzwälder-Kirsch-Torte zu aufwendig? Dann probieren Sie doch mal diese Variante.

Ca. 1 kg Kirschen aus dem Glas abtropfen lassen (Saft auffangen) und mit ca. **6 - 8 EL Kirschwasser** tränken.

Rührteig:
5 Eier, 250 g Zucker,
250 g Öl, 250 g Wasser
in den Mixtopf geben und
cremig rühren. 1 Min. / Stufe 5
380 g Mehl, 1 P. Backpulver, 40 g Kakao dazugeben und unterrühren. 20 Sek. / Stufe 5

Den Teig auf ein gefettetes Blech (ca. 30 x 40 cm) mit Backrahmen gießen, die Kirschen darauf verteilen und backen.

Backzeit: 180°, ca. 35 Min.

Guss:
3 P. klaren Tortenguss,
50 g Zucker, 750 g Flüssigkeit (aufgefangener Kirschsaft + Wasser) in den Mixtopf geben und kochen. ca. 10 Min. / 100° / Stufe 3

Guss auf dem erkalteten Kuchen verteilen.

2 B. Sahne schlagen und auf dem erkalteten Guss verstreichen.

Mit Raspelschokolade bestreuen.

Vanille-Käsekuchen

Cremig lecker..., ein Traum für alle Käsekuchen-Liebhaber!

Bei diesem Rezept wird der Pudding nicht gekocht; es werden alle Zutaten nur verrührt.

Mürbteig:
150 g Mehl, 65 g Zucker,
1 Ei, 65 g Margarine,
1 TL Backpulver in den Mix-
topf geben und verkneten. 20 Sek. / Stufe 5

Teig in eine Springform geben und einen kleinen Rand hochziehen.

1. Belag:
500 g Magerquark, 1 Ei,
180 g Zucker, 2 Eigelb,
150 g Öl, Saft einer Zitrone,
500 g Milch, 1 P. Vanille-
puddingpulver in den Mixtopf
geben und verrühren. 50 Sek. / Stufe 5

Die sehr flüssige Quarkmasse auf den Boden gießen und backen.

Backzeit: 150°, ca. 60 Min. (mittlere Schiene)

2. Belag:
<u>Rühraufsatz einsetzen</u>,
2 Eiweiß in den Mixtopf geben
und zu Eischnee schlagen. 2 Min. / Stufe 4
50 g Zucker dazugeben
und unterrühren. 20 Sek. / Stufe 4

Eischnee auf dem vorgebackenen Kuchen vorsichtig verteilen und bei gleicher Temperatur 10 - 15 Min. weiterbacken.

Walnuss-Nougat-Torte

Diese Füllung schmeckt auch prima zu Vanilleeis!

Biskuit-Rührteig:
80 g Margarine in den Mixtopf geben, zerlassen und umfüllen. 3 Min. / 50° / Stufe 2

Rühraufsatz einsetzen,
6 Eier, 60 g warmes Wasser, 180 g Zucker, 1 Pr. Salz
in den Mixtopf geben und cremig rühren. 4 Min. / Stufe 3

100 g Nutella®, 130 g Mehl,
80 g Speisestärke, 1 P. Backpulver,
die geschmolzene Margarine
dazugeben und unterheben. 15 Sek. / Stufe 3

Den Teig in eine gefettete Springform geben und backen.

Backzeit: 180°, ca. 35 - 40 Min.

Füllung:
50 g Walnüsse in den Mixtopf geben und hacken. 5 Sek. / Stufe 5

3 B. Sahne schlagen, etwas für die Tuffs beiseite stellen. Unter die restliche Sahne die gehackten Walnüsse heben.

Den erkalteten Boden waagrecht halbieren. Die Torte mit der Sahne füllen und den Rand einstreichen.

Glasur:
80 g Nuss-Nougat (schnittfest) in Stücken, **15 g Kokosfett** in den Mixtopf geben und schmelzen. 3 Min. / 50° / Stufe 1

Die Glasur auf den Tortenboden streichen und erkalten lassen. Mit Sahnetuffs beliebig verzieren und mit **16 Walnusshälften** garnieren.

Zebratorte

Biskuitteig:
<u>Rühraufsatz einsetzen</u>,
3 Eier, 75 g Zucker, **1 P. Vanillezucker** in den Mixtopf geben
und cremig rühren. 3 Min. / Stufe 3
90 g Mehl, 1½ TL Backpulver,
1 P. Schokoladenpuddingpulver
dazugeben und unterheben. 10 Sek. / Stufe 3

Den Teig in eine gefettete Springform geben und backen.

Backzeit: 180°, ca. 15 Min.

Belag:
2 P. Pulvergelatine in **10 EL kaltem Wasser** verrühren und 10 Min. quellen lassen.

Belag:
4 Eigelb, 180 g Zucker,
250 g Milch in den Mixtopf
geben und erhitzen. 4 Min. / 100° / Stufe 1
Zum Schluss 3 Sek. auf Stufe 6 schalten.
Gelatine dazugeben und
darin auflösen. 1 Min. / 70° / Stufe 3
Die Masse ca. 10 Min. abkühlen lassen.

750 g Magerquark,
2 P. Vanillezucker dazugeben und unterrühren. 15 Sek. / Stufe 5
3 B. geschlagene **Sahne**
dazugeben und unterheben,
Spatel dabei verwenden. ca. 15 Sek. / Stufe 4
Zum Schluss evtl. kurz auf Stufe 5 schalten.

Die Hälfte der Masse in eine Schüssel füllen.

Zur restlichen Masse **20 g Kakao**
geben und unterrühren. 10 Sek. / Stufe 4

Den erkalteten Boden mit einem Tortenring umschließen. Auf die Kuchenmitte einen Schöpflöffel helle Creme, darauf einen Schöpflöffel dunkle Creme geben und so weiter verfahren, bis die Cremes aufgebraucht sind.

Torte über Nacht kalt stellen.

Zimt-Mandarinenschnitten

Fruchtig, saftige Schnitten mit Mandarinen: so frisch, so aromatisch!

Meistens schlage ich die Sahne in einer großen Schüssel, gebe danach den Schmand und den Vanillezucker dazu, verrühre alles mit dem Handmixer und hebe zum Schluss die Mandarinen unter.

Rührteig:
4 Eier, 250 g Zucker,
200 g Öl in den Mixtopf
geben und cremig rühren. 50 Sek. / Stufe 5
220 g Multivitaminsaft,
380 g Mehl, 1 P. Backpulver
dazugeben und unterheben. 20 Sek. / Stufe 5

Den Teig auf ein gefettetes Blech (ca. 30 x 40 cm) mit Backrahmen streichen und backen.

Backzeit: 180°, ca. 15 - 20 Min.

Belag:
2 Dosen (à 312 ml) Mandarin-Orangen gut abtropfen lassen und bis auf ein paar zum Verzieren klein schneiden.

4 B. Sahne mit **4 P. Sahnesteif** schlagen.

4 B. Schmand, 3 P. Vanillezucker in den Mixtopf geben
und verrühren. 10 Sek. / Stufe 3

Die geschlagene Sahne dazugeben und nur mit dem Spatel verrühren. Zum Schluss die Mandarinen vorsichtig unterheben. Die Masse auf dem erkalteten Boden glatt streichen und über Nacht kalt stellen.

2 EL Zucker und **1 TL Zimt** vermischen und auf den Kuchen streuen. Mit Mandarinen und **Zitronenmelisse** dekorieren.

Zwetschgen-Birnenkuchen

Die herrlichen Aromen von Birnen, Zwetschgen und Kokosflocken, die beim Backen durch die Küche ziehen, lassen bereits ahnen, welcher Genuss bald bevorsteht.

Hefeteig:

125 g Milch, 1 P. Vanillezucker,
50 g Zucker, 50 g Margarine,
½ W. Hefe in den Mixtopf
geben und erhitzen. 2 Min. / 37° / Stufe 2
380 g Mehl, 1 Pr. Salz
dazugeben und verarbeiten. 2 Min. / Knetstufe

Den Teig gehen lassen. Auf einem gefetteten Blech (ca. 30 x 40 cm) mit Backrahmen ausrollen.

Der Mixtopf muss dazwischen nicht gespült werden.

Belag:
550 g (vorbereitet gewogen)
geschälte und in Viertel
geschnittene **Birnen,**
2 EL Zitronensaft in den
Mixtopf geben, zerkleinern
und umfüllen. ca. 3 Sek. / Stufe 4

Rühraufsatz einsetzen,
4 Eigelb, 60 g Zucker
in den Mixtopf geben und
cremig rühren. 2 Min. / Stufe 3
200 g Crème fraîche,
80 g Kokosflocken dazu-
geben und unterrühren. 5 Sek. / Stufe 2

Die Kokoscreme auf dem Teig verteilen und mit **600 g** entsteinten und halbierten **Zwetschgen** oder **Pflaumen** belegen. Die zerkleinerten Birnen darauf verteilen.

Streusel:
200 g Margarine, 350 g Mehl,
120 g Zucker in den Mixtopf
geben und verarbeiten. 20 Sek. / Stufe 5

Die Streusel auf dem Obst verteilen und backen.

Backzeit: 180°, ca. 40 Min.

Rezeptverzeichnis:

Rezeptverzeichnis:

Rezeptverzeichnis:

Ein kleiner Auszug aus meinem nächsten Backbuch:

Amaretto-Käsekuchen

Ananas-Sahne-Torte

Bananensplit-Torte

Blätterteig-Zöpfe

Brombeer-Streuselkuchen

Erdbeer-Amarettini-Torte

Espresso-Torte

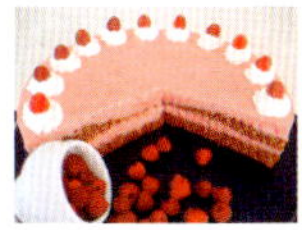
Himbeer-Joghurt-Torte

Kakao-Eierlikörkuchen

Kirschbällchen

Kirsch-Marzipan-Torte

Kiwi-Bananen-Torte

Krümeltorte

Latte-Macchiatto-Torte

Marmorkuchen Peter

Mohn-Streusel-Taler

Nougat-Eierlikör-Torte

Pflaumen-Quark-Kuchen

Rhabarber-Baiserkuchen

Rhabarber-Donauwelle

Rumschnitten

Schokobananen

Schokoladen-Kokos-Schnitten

Stachelbeer-Frischkäse-Torte

Schwimmbad-Torte

Tiramisu-Schnitten

Zwetschgen-Mascarponekuchen

Zwetschgen-Mohnschnecke

Auszug aus „Leckere Kuchen blitzschnell gezaubert"

zu bestellen bei Christine Haas, Tel.: 08405 913996
e-mail: Haas-Ch@web.de

Apfel-Eierlikör-kuchen

Apfel-Marmor-kranz

Baileys®-Nuss-kuchen

Bananen-Kokos-kuchen

Blitzkäsekuchen

Brownies

Cappuccino-Kuchen

Celebrations®-Kuchen

Cognac-Kuchen

Himbeer-Sand-kuchen

Kaffeekuchen

Karottenkuchen

Kartoffelkuchen

Kirsch-Marzipan-kuchen

Kokoskuchen

Marmor-Schoko-kuchen

Marzipankuchen

Milch-Schokoladen-kuchen

Mohnkuchen Martina

Nusskuchen nach Omas Art

Nuss-Nougat-kuchen

Oster-Schokohase

Proseccokuchen

Sacherschnitten

Silberkuchen

Studentenfutter-Kuchen

Walnuss-Schnitten

Zitronenkuchen mit Schokoguss